本书系"对外经济贸易大学中央高校基本科研业务费专项资金资助""一带一路"研究系列著作项目，"一带一路"中的海外利益保护（项目编号：ＴＳ４－１８）最终成果之一。

| 博士生导师学术文库 |
A Library of Academics by
Ph.D.Supervisors

中国立体公共外交与
"一带一路"倡议的国际传播

李志永 乔旋 邱昌情 著

光明日报出版社

图书在版编目（CIP）数据

中国立体公共外交与"一带一路"倡议的国际传播 / 李志永，乔旋，邱昌情著 . ‐‐北京：光明日报出版社，2022.9

ISBN 978‐7‐5194‐6694‐7

Ⅰ.①中… Ⅱ.①李… ②乔… ③邱… Ⅲ.①外交—研究—中国②"一带一路"—国际合作—研究—中国 Ⅳ.①D82②F125

中国版本图书馆 CIP 数据核字（2022）第 104745 号

中国立体公共外交与"一带一路"倡议的国际传播
ZHONGGUO LITI GONGGONG WAIJIAO YU "YIDAI YILU" CHANGYI DE GUOJI CHUANBO

著　　者：李志永　乔　旋　邱昌情	
责任编辑：石建峰	责任校对：阮书平
封面设计：一站出版网	责任印制：曹　净

出版发行：光明日报出版社
地　　址：北京市西城区永安路 106 号，100050
电　　话：010‐63169890（咨询），010‐63131930（邮购）
传　　真：010‐63131930
网　　址：http://book.gmw.cn
E‐mail：gmrbcbs@gmw.cn
法律顾问：北京市兰台律师事务所龚柳方律师
印　　刷：三河市华东印刷有限公司
装　　订：三河市华东印刷有限公司
本书如有破损、缺页、装订错误，请与本社联系调换，电话：010‐63131930

开　　本：170mm×240mm			
字　　数：150 千字		印　　张：13.5	
版　　次：2022 年 9 月第 1 版		印　　次：2022 年 9 月第 1 次印刷	
书　　号：ISBN 978‐7‐5194‐6694‐7			
定　　价：85.00 元			

版权所有　　翻印必究

《"一带一路"与中国海外利益保护》
系列丛书

主　编：李志永

副主编：熊李力

成　员：乔　旋　赵　洋　邱昌情

前言

立体公共外交与"挨骂"问题

当代中国面临"挨打""挨饿"和"挨骂"三大问题。"挨打"问题攸关国家生存,"挨饿"问题攸关民族发展,"挨骂"问题攸关国家形象。中国共产党在继承近现代中国仁人志士多方探索的经验教训基础上,通过艰苦卓绝的努力建立了新中国,使中华民族再次巍然屹立于世界,解决了中国"挨打"问题;中国共产党在总结早年社会主义建设经验教训的基础上,通过解放思想和改革开放,找到了中国特色社会主义的正确道路,中国经济迎来了40多年的高速发展,中国不仅已经解决"挨饿"问题,而且已经建成全面小康社会。在中国解决了"挨打"和"挨饿"问题之后,如何解决"挨骂"问题已经成为当今中国亟待解决的重大战略问题。解决"挨骂"问题的实质就是要有效地消除西方对中国的政治偏见并使中国发展道路得到接纳和认同,以提升中国国际话语权,树立良好国际形象。

近现代史上,在西强我弱的局面下,中国常常被别人表述成"黄祸""东亚病夫"。二战以来,伴随新中国的成立及其发展,"红祸""中国威胁论""中国崩溃论"不绝于耳。围绕"新冠肺炎"溯源、北京冬奥会、"民主峰会"的舆论争议表明，直到今天，西方仍在利用历史上形成的话语权优势将中国污名化、妖魔化。落后就要挨打，贫穷就要挨饿，失语就要挨骂。在中国国家生存和经济发展得到保障之后，如何保障中国发展道路得到认同将是中华民族伟大复兴的最后考验。不过，与解决"挨打"和"挨饿"问题主要依靠自身努力不同，解决"挨骂"问题不仅要依靠自身努力，更要通过公共外交获得他者的了解、理解与认同。解决"挨骂"问题注定比解决"挨打"和"挨饿"问题更难更复杂更艰巨。

2021年5月31日，中共中央政治局就加强我国国际传播能力建设进行第三十次集体学习。中共中央总书记习近平在主持学习时强调，讲好中国故事，传播好中国声音，展示真实、立体、全面的中国，是加强我国国际传播能力建设的重要任务。要深刻认识新形势下加强和改进国际传播工作的重要性和必要性，下大气力加强国际传播能力建设，形成同我国综合国力和国际地位相匹配的国际话语权，为我国改革发展稳定营造有利外部舆论环境，为推动构建人类命运共同体作出积极贡献。2021年11月19日，国家主席习近平在第三次"一带一路"建设座谈会上指出，要营造良好舆论氛围，深入阐释共建"一带一路"的理念、原则、方式等，共同讲好共建"一带一路"故事。显然，中国国际传播能力的提升和国家形象的改进离不开中国公共外交工作的升级换代。

从经典的公共外交的定义看，传统的公共外交重视国家行为体对他国舆论的影响和塑造。但是，随着全球化的推进、新兴媒体的介入和公民社会的崛起，国家社会化与社会国家化交融发展，外交公开化与民主化并驾齐驱，非政府行为体已经成为公共外交必不可少的组成部分。政府之外，跨国公司、非政府组织、国际组织、社会团体以及个人均直接或间接地去影响那些能对其他政府的外交政策决策施加压力的外国公众的态度和舆论。可见，公共外交是一国政府与非政府行为体为了改变外国公众观念、塑造自我良好国际形象而开展的信息、知识和价值传播活动。作为一种影响外国公众的传播活动，从行为主体角度而言，公共外交包括政府公共外交与非政府公共外交。非政府公共外交按照主体的不同又可划分为多边公共外交、智库公共外交、企业公共外交、媒体公共外交、非政府组织公共外交、公民公共外交等相对独立的公共外交形态。因此，传统的仅仅聚焦于国家行为体的政府公共外交已然难以有效应对"挨骂"的国家形象问题。解决"挨骂"问题必须依赖于立体公共外交的理论与实践。

21世纪以来，从五矿并购失败到华为、中兴和TikTok遭受美国霸凌，从"新冠病毒"溯源到所谓的"强迫劳动"等问题上西方对中国的抹黑，种种"莫须有"的罪名被烙印到中国及其企业身上，其根源就在于中国立体公共外交的缺乏和虚弱所导致的国际传播能力的缺乏和虚弱。

同理，"一带一路"在大众政治背景下的建设，光靠高涨的激情和充足的资金支持已经不足以保证其顺利和成功。2021年11月19日，国家主席习近平在第三次"一带一路"建设座谈会上指出，"一带一路"建设要把同共建国家人民"心联通"作为重要基础。显然，要处理好中国及其企业在"一带一路"实施中所面临的种种负面因素的干扰，强化公共外交尤其是立体公共外交是中国政府保护其海外利益绕不过去的一道坎。有鉴于此，为了提升中国国际传播能力和国际话语权，更为了推动"一带一路"走深走实，我们必须升级政府公共外交、拓展企业公共外交、激活社会公共外交、拓展多边公共外交，并积极从宏观上优化立体公共外交的顶层设计，实现不同公共外交形态的有机整合，以真正实现海外利益的立体持久保护和中国国际形象的持续改善，彻底解决"挨骂"问题，树立一个立体丰满，有影响力、感召力和亲和力的大国国际形象。

总之，伴随中国的持续发展和壮大，中国的企业和社会组织必然更多地走向世界。在"一带一路"的建设过程中，深度参与、塑造全球化是中国和平崛起的必经阶段，是中国崛起的新领域。尽管国际对华负面舆论持续发酵，中国不断遭受各种抹黑和谩骂，但只要中国及其企业善于不断地总结经验和吸取教训，积极有效地开展立体公共外交，走出去的中国必能"凤凰涅槃"，最终掌握国际话语主动权，彻底解决"挨骂"问题，为中国的和平发展开辟新路，最终实现中华民族的伟大复兴。

有鉴于此，本书试图从立体公共外交视角审视"一带一路"建设尤其是"一带一路"倡议的国际传播，分别从政府公共外交（第一章讨论文化外交、第二章讨论主场外交）、企业公共外交（第三章）和多边公共外交（第四章）角度梳理总结中国公共外交实践的成就与不足，以提升中国国际传播力，推动"一带一路"走深走实。

本书具体分工如下：李志永教授负责全书选题和框架设计，并具体撰写了本书前言、导论第三节、第三章和结语；乔旋副教授撰写了本书导论第一节和第二节、第一章、第二章；邱昌情副教授撰写了本书第四章。对外经济贸易大学国际关系学院石钮、范雅妮、王军香三位硕士研究生协助完善了本书的注释和参考文献。尽管本书对立体公共外交的探索刚刚起步、对立体公共外交的其他形态的探讨限于人手和精力所限，无法做到全覆盖，但如果我们倡导的"立体公共外交"概念能够为解决中国"挨骂"问题提供一些助力和启示，我们已心满意足。

目　录
CONTENTS

导论　"一带一路"急需立体公共外交护航 …………………… **1**
 第一节　当代中国面临的国家形象问题 ………………………… 3
 第二节　当代中国国家形象安全问题产生的原因 ……………… 9
 第三节　立体公共外交与国家形象塑造 ………………………… 19

第一章　文化外交与"一带一路"倡议的国际传播 …………… **26**
 第一节　文化外交与软实力 ……………………………………… 26
 第二节　新中国文化外交的历史沿革 …………………………… 34
 第三节　中国文化外交:挑战与应对 …………………………… 47

第二章　主场外交与"一带一路"倡议的国际传播 …………… **69**
 第一节　主场外交与国家形象 …………………………………… 69
 第二节　中国主场外交:沿革与动力 …………………………… 72
 第三节　中国主场外交:特点与作用 …………………………… 77
 第四节　中国主场外交:问题与对策 …………………………… 84

第三章　企业公共外交与"一带一路"倡议的国际传播……… **91**
　　第一节　企业公共外交与"一带一路"建设……………… 92
　　第二节　企业公共外交的内涵、路径与特性……………… 97
　　第三节　中国企业公共外交的总体进展…………………… 110
　　第四节　企业公共外交的中国模式与中国特色…………… 114
　　第五节　中国企业公共外交的不足与对策………………… 124

第四章　多边公共外交与"一带一路"倡议的国际传播……… **133**
　　第一节　联合国与"一带一路"倡议的国际传播………… 136
　　第二节　上海合作组织与"一带一路"倡议的国际传播… 153
　　第三节　"一带一路"国际传播任重道远………………… 170

结语　探寻公共外交成功之道……………………………… **173**
　　第一节　效果不彰的中国公共外交………………………… 175
　　第二节　公共外交的成功依赖于价值共享………………… 178

参考文献……………………………………………………… **189**

导论

"一带一路"急需立体公共外交护航

2013年9月和10月,中国国家主席习近平在出访哈萨克斯坦和印度尼西亚时先后提出共建"丝绸之路经济带"和"21世纪海上丝绸之路"的重大倡议。中国政府成立了推进"一带一路"建设工作领导小组,并在中国国家发展改革委设立领导小组办公室。2015年3月,中国发布《推动共建丝绸之路经济带和21世纪海上丝绸之路的愿景与行动》;2017年5月,首届"一带一路"国际合作高峰论坛在北京成功召开。2019年4月,第二届"一带一路"国际合作高峰论坛在北京成功召开。截至2021年1月,中国已经与171个国家、31个国际组织签署了205份共建"一带一路"方面的合作文件。[①] 8年多来,共建"一带一路"倡议得到了越来越多国家和国际组织的积极响应,受到国际社会广泛关注,影响力日益扩大。与此同时,"一带一路"也同样受到了越来越多对华怀疑和敌视的国家和国际组织的污蔑和排斥,国际舆论挑战也在增多。2016年12月5

[①] 一带一路网. 我国已签署共建"一带一路"合作文件205份 [EB/OL]. (2021-01-30) [2021-02-01]. http://www.zgydyl.org/Home/News/view/id/20803.

日，中央全面深化改革领导小组第三十次会议审议通过了《关于加强"一带一路"软力量建设的指导意见》，会议指出："软力量是'一带一路'建设的重要助推器。要加强总体谋划和统筹协调，坚持陆海统筹、内外统筹、政企统筹，加强理论研究和话语体系建设，推进舆论宣传和舆论引导工作，加强国际传播能力建设，为'一带一路'建设提供有力的理论支撑、舆论支持、文化条件。"① 2021年5月31日，中共中央政治局就加强我国国际传播能力建设进行第三十次集体学习。中共中央总书记习近平在主持学习时强调，讲好中国故事，传播好中国声音，展示真实、立体、全面的中国，是加强我国国际传播能力建设的重要任务。2021年11月19日，国家主席习近平在第三次"一带一路"建设座谈会上指出："要营造良好舆论氛围，深入阐释共建'一带一路'的理念、原则、方式等，共同讲好共建'一带一路'故事。"②"一带一路"的走深走实和中国软力量的提升急需公共外交的介入，以塑造良好的国家形象，保障其行稳致远。

---

① 新华社. 习近平主持召开中央全面深化改革领导小组第三十次会议[EB/OL]. (2016-12-05) [2019-01-15]. http://www.xinhuanet.com/politics/2016/12/05/c_1120058658.htm.
② 新华网. 习近平在第三次"一带一路"建设座谈会上强调 以高标准可持续惠民生为目标 继续推动共建"一带一路"高质量发展 韩正主持[EB/OL]. (2021-11-19) [2021-11-25]. http://www.news.cn/politics/leaders/2021-11/19/c_1128081486.htm.

第一节　当代中国面临的国家形象问题

在进入 21 世纪后，中国经济飞速发展，自身综合实力大大增强。虽然，中国继续主张坚持独立自主的和平外交政策，力图向世界表明中国谋和平、求合作、促发展的坚定立场，希望借此赢得世界的理解和认同，但令人遗憾的是，国际社会对中国的误解不少，"中国威胁论""中国崩溃论"等论调不绝于耳，尤其是一些西方媒体仍然在"唱衰"中国，[①] 这些都给中国形象带来了负面影响。习近平在中国共产党的十九大报告中提出"坚持总体国家安全观"[②]，在中国解决了"挨打""挨饿"问题之后，如何解决"挨骂"问题，或者说如何有效地解决中国形象安全问题已成为当今中国外交亟待解决的重大问题。

一、现阶段世界主要国家对中国形象的认知

皮尤研究中心是美国的一间独立性民调机构，该中心对那些影响美国乃至世界的问题、态度与潮流提供信息资料。该中心每年都会针对中国形象进行世界范围内的问卷调查，因此，笔者对其

[①] 中共中央宣传部. 习近平总书记系列重要讲话读本 [M]. 北京：学习出版社、人民出版社，2016：209.

[②] 习近平. 决胜全面建成小康社会　夺取新时代中国特色社会主义伟大胜利——在中国共产党第十九次全国代表大会上的报告 [R]. 北京：人民出版社，2017：24.

2012—2019年世界主要国家的受访者对中国抱有好感度进行了梳理。①

表1　2012—2019年世界主要国家的受访者对中国抱有好感度（%）

	2012年	2013年	2014年	2015年	2016年	2017年	2018年	2019年
中　国	94	95	96	96	95	—	—	—
俄罗斯	62	62	64	79	—	70	65	71
美　国	40	37	35	38	37	44	38	26
英　国	49	48	47	45	37	45	49	38
法　国	40	42	47	50	33	44	41	33
德　国	29	28	28	34	28	34	39	34
日　本	15	5	7	9	11	13	17	14
印　度	—	35	31	41	31	26	12	23
巴　西	50	65	44	55	—	52	49	51

资料来源：Pew Research Center：Do you have a favorable or unfavorable view of China? Percent responding Favorable（2012—2019）。

通过数据，可以看到，在2012—2019年的调查中，在众多受访国家公众里，对中国的认可度与好感度最高的是中国自身，排在各国之首。此外，俄罗斯和巴西对华好感度维持相对较高的水平，美国、英国和法国对华好感度处于中偏下水平，而德国、印度、日本的对华好感度则明显处于较低水平，其中日本的这种低好感度已经维持了近7年。虽然以上的各年调查有其局限性，但从客观角度来看，这也是当前国际社会中中国形象的体现。

---

① 由于新冠肺炎疫情的冲击，各国民众对外部世界的看法受到较大影响，因此，本研究主要集中于疫情之前的正常年份。

进入21世纪后，中国虽然在经济上取得了巨大成就，但随着中国更为深入地融入国际社会，中国经济力量的不断增长，使得国际社会出现了对中国未来的担忧。皮尤研究中心早在2007年的调查报告中就指出，中国目前快速增长的经济和军事力量让世界上一些国家感到了压力。同时，加上一些国家为达到自己的战略目的，通过媒体刻意对中国形象进行歪曲和丑化。前文已经提到过从20世纪90年代开始，在西方主流媒体的报道中，中国的形象经常被歪曲，甚至被"妖魔化"。这种情况一直持续到现在，例如，一些西方媒体将中国塑造为一个有着强烈民族主义情绪好战的国家，中国的崛起对外国是一种威胁，尤其是当前的中国已经成为世界工厂，廉价的劳动力生产出来的物美价廉的货品远销世界各地，这对当地的就业和相关行业都是一些冲击。近年来，世界各地都有反华、排华的事件发生。面对这些个别事件，很多西方别有用心的人和媒体大肆借机炒作。由于当前受众的价值判断和兴趣取向在很大程度上依赖于媒体。民众往往根据他们读到的和听到的信息对外国做出判断，而不是基于亲眼所见的东西。因此，过多的负面信息将让受众对该国产生不好的印象，进而影响该国的形象。

二、当前中国国家形象安全问题及其特征

国家形象安全问题主要指一个国家由于某种事件的影响而导致国际社会与国外公众对该国的总体评价转为负面印象，形象的下跌会使该国面临各种阻碍，陷于孤立无援之境，并最终影响到该国的国家利益与国际声誉。作为国家软实力的重要组成部分，国家形象在综合国力竞争中起着日益重要的作用。而国家形象安全问题的应

对工作也越来越受到各国的高度重视，各国政府纷纷利用各种资源与手段对国家形象面临的安全问题进行管控与处理，其目的是防止问题的发生与扩大化，减少其带来的损失，维护自身的国家利益与国家形象。

国家形象的主观性决定了"外部公众"在受到自身价值观念、刻板印象、利益诉求等诸多因素的影响下，对他国形象的感知容易误读或者误判，甚至由于了解不全面、所获信息太少导致出现歪曲他国形象的问题，进而引起国家间与公众间的矛盾与冲突。随着综合国力的日渐强大，中国在越来越多领域的出色表现赢得了国际社会的认可，《中国国家形象全球调查报告2016—2017》指出，海外对中国整体形象好感度稳中有升，延续了近年来小幅增长的势头，而发展中国家对中国的印象比发达国家明显更为积极。[1] 但同时，中国形象也常年被有意无意地歪曲、误读甚至"妖魔化"。"北京共识"的提出者乔舒亚·库珀·雷默曾指出，中国目前最大的"战略威胁"之一，在于其"国家形象"，"国际社会对中国的看法常常是落伍的观念、固执的偏见和一味的恐惧"[2] "中国威胁论""新黄祸论"等已经让中国国家形象安全面临多重问题，值得引起重视。

中国目前面临的形象安全问题一般具有三大特征。首先，突发性。形象问题在何时、何地、何种环境中，以何种方式发生，在多大程度上会对国家、社会和个人造成危害，都是无法事先掌控与确定的。应该明确的是，突发事件并不直接等同于危机，突发事件只

---

[1] 王萌，李婕. 中国，世界发展的贡献者 [N]. 人民日报（海外版），2018-01-06（2）.
[2] ［美］乔舒亚·库珀·雷默. 中国形象 [M]. 北京：社会科学文献出版社，2006：2.

是危机的导火索，处理不当则可能会转化成危机。而领导者并无固定程序与经验来处理问题，并且形象安全问题产生后会随不同环境继续发酵、变化，难以掌控危机发展的方向。如果政府处置不当，不仅难以降低问题事件的负面效应，而且还会促使问题进一步扩大化。目前，中国国家形象安全问题的出现很多都源自一个个突发性事件，其突发性都是难以事先预料的。当然，形象安全问题的突发性并不意味着当其出现时就坐以待毙，而是要求国家与政府能总结经验，及时发现征兆，做好预防工作，尽量减低危害程度。例如，经过2003年全国抗击"非典"疫情的经历，中国政府及时总结经验教训，大大推进了中国政府信息公开的进程，对于之后发生的各种疫情的管控都收到了更好的效果，而中国的形象在"非典"之后得以较好地修复。

其次，多样性。作为一个复杂的综合体，国家形象在客观构成上涵盖了政治、经济、文化、教育、科技、政府行为等众多宏观层面，也涉及个体素质、风俗习惯、社会构成等微观层面；而不同国家的公众在主观上也由于价值信仰、知识结构、社会阅历等诸多差异使其对一国形象的认知千差万别，难以反映该国的全部。同时，不同国家的舆论宣传差异巨大，有些媒体甚至为了各种政治目的与利益诉求，蓄意歪曲报道他国形象，这必然也导致同一国家在各地公众眼中出现差异化的形象，也更加容易导致形象安全问题的形成。如前文所述，皮尤研究中心关于中国好感度的调查显示，近年来，在众多受访国家公众中，绝大多数的中国受访者对中国的认可度与好感度最高，排在各国之首。2018年的调查显示，英国与美国分别有49%和38%的受访者对华抱有好感；日本和印度对华的好感度最低，分别只有17%和12%的受访者对中国抱有好感。① 其中，中国与日本自邦交正常化以来，双边贸易额一直持续增长，但由于受到2012年日本政府"购岛"风波的影响，之后连续五年出现负增长，日本对华直接投资在2013年以后也连续4年出现负增长，直到2017年才实现逆转，而日本社会对华的低好感度也同期维持了近7年。可以说，国家形象本身构成的多样性加上国际公众主观认知的多样性，必然会使国家形象安全问题以更为多样化的形式呈现出来。

最后，破坏性。不管什么性质与规模的国家形象安全问题一旦出现，必然会让各国公众对该国产生负面印象，这将直接或间接地影响该国的国家利益，甚至危及国家的总体安全。而这种破坏与影响又将是长期持续性的，会给国家的政治利益、经济利益、文化利益等均带来损害，尤其是其国际声誉、国际地位都会随之被削弱，这些都需要该国长期地投入大量人力、物力和财力去修复形象安全问题所带来的国家形象创伤。近年来，中国在南海扩建岛屿引来一些邻国与西方大国的猜忌，加之某些外媒的恶意炒作与歪曲报道，将中国塑造成地区不稳定因素。美国为应对中国于2014年开始的填海造岛而做出的政策宣示，以及在南海重启所谓的"航行自由行动"，很大程度上影响了中国的自身利益与国家形象。再如，美国政府每年发布的"国别人权报告"，把人权问题政治化，公然违背各国主权平等、互不干涉内政等国际关系基本准则，对众多国家人权状况指指点点，其中的涉华部分都一贯充满意识形态偏见，罔顾事实、

---

① Pew Research Center. Do you have a favorable or unfavorable view of China? Percent responding Favorable（2012—2018）[EB/OL].（2018-05-25）[2019-08-07]. https://www.pewresearch.org/global/database/indicator/24.

混淆是非，对中国进行种种无端指责。这些贬损与指责虽然不能否定当代中国的发展事业，但必然会对一些不明就里的国际公众产生误导，中国的国家形象也会在一定程度上受到影响。

第二节　当代中国国家形象安全问题产生的原因

国家形象本身涵盖了诸多问题，是各种因素相互作用的结果。只有真正搞清楚当代中国国家形象安全问题的根源才能够对症下药，为塑造中国良好国家形象提出有针对性的解决路径。当前中国国家形象安全问题产生的原因也错综复杂，大体可以归为五方面因素。

一、国家利益诉求差异

国家形象战略与国家利益的关系是客观存在的，在全球化时代，有效实施国家形象战略可以更好地维护和实现国家的政治利益、经济利益、文化利益和安全利益。[①] 作为国家利益的重要组成部分，国家形象在对外传播与塑造、构建过程中都存在着十分明确的利益诉求。2020年5月，李克强在政府工作报告中指出：2019年中国国内生产总值达到99.1万亿元，增长6.1%，"中国始终是促进世界和平稳定与发展繁荣的重要力量。"[②] 面对中国多年的努力与成功，西

[①] 张骥，刘艳房. 论全球化时代国家形象战略与国家利益的实现 [J]. 国际观察，2009，1.
[②] 中华人民共和国中央人民政府网站. 2020年政府工作报告 [R/OL]. (2020-05-22) [2021-05-22] http：//www.gov.cn/premier/2020-05/22/content_ 5513757. htm.

方一些媒体却避而不谈，反而热衷炒作诸如"中国威胁"、南海航行自由、各种分裂势力等问题。

这种"外部公众"与"内部公众"眼中中国形象的巨大落差，以及出现中国国家形象安全问题的深层原因即在于某些国家追求狭隘的国家利益。正如美国历史学家小阿瑟·施莱辛格所说："救世主义是一种虚幻，没有一个国家是神圣的和独特的，美国像每个国家一样，有真正的和虚幻的利益，有大方的和自私的考虑，有崇高的和卑鄙的动机。"① 约瑟夫·奈也曾一针见血地指出："当绝大多数美国公众对国际事务漠不关心和自鸣得意时，对外政策的战场就留给了那些有着特殊利益的人士。结果，美国国家利益的界定走向偏狭，常常将其他国家排除在考虑之外。"② 例如，特朗普早在2016年竞选美国总统期间就曾指责中国"操纵人民币汇率"和"窃取美国人的工作"，2017年2月23日，这位特立独行的总统在接受路透社专访时又语出惊人地称中国为"汇率操纵总冠军"。2017年底以来，美国开始在安全、文化、教育、经贸等领域频频对华设置问题与障碍，而特朗普又于2018年3月签署了一份针对所谓中国"经济侵略"的总统备忘录。拜登上台后也延续了对华强硬的政策。

从之前的特朗普到现在的拜登，表面上看只是他们迫于国内政治压力、迎合选民要求，推出了一些对中国的强硬措施。实际情况则是，由于全球化发展不平衡，促使发达国家与新兴国家的矛盾日益尖锐化。在特朗普政府眼中，多年以来的美国与中国的对话与接

---

① 王晓德. 美国文化与外交 [M]. 天津：天津教育出版社, 2008：54.
② [美] 约瑟夫·奈. 硬权力与软权力 [M]. 门洪华, 译. 北京：北京大学出版社, 2005：189.

触并没有达到美国政府所寻求的结果，担心一个日益强大的中国会损害美国的国家利益，挤压美国的战略空间，挑战美国的霸权地位。而中国成为世界第二大经济体也引发了美国的危机意识，试图用各种手段来打压中国、削弱中国，以阻缓中国的发展。①

二、意识形态分歧冲突

冷战结束已经多年，但国际社会仍然有些人与国家依旧习惯用冷战思维来评判交往国家。作为当前世界上最大的社会主义国家与最大的发展中国家，中国面临着来自各方面的挑战与质疑，中国的国家形象在意识形态冲突中也时常受到冲击。比如，目前有一种论调认为中美两国难以避免"修昔底德陷阱"。美国哈佛大学教授格雷厄姆·艾利森使用该名词用于指代守成大国和新兴大国之间的关系，即守成大国和新兴大国身陷结构性矛盾，冲突极易发生，反映出的是对抗性的零和博弈思维。② 但"修昔底德陷阱"在今天国际关系中的表现本质其实是一种冷战思维，即不理解别国的安全需要，把别国对安全的追求理解为对本国安全的威胁；以疑惧的眼光看待新兴国家，将其发展视为对自己的挑战。③ 在这种意识形态的主导下，以美国为首的西方资本主义国家通过人权、民主、自由等问题，大肆宣扬其价值观念，肆意歪曲、诋毁社会主义中国。

此外，由于美国的经济与技术领域的领先，其大众传媒在世界

---

① 刘鸣. 只顾自己"伟大"却拉世界发展做垫背，这是对国家命运与利益的偏狭认知[EB/OL].（2018-10-11）[2019-02-02]. https：//www.thepaper.cn/newsDetail_forward_ 2518741.
② 国纪平. 世上本无"修昔底德陷阱"[N]. 人民日报, 2019-06-18（1）.
③ 李枏. 莫让"冷战思维"影响中美关系[N]. 人民日报, 2016-04-27（7）.

上也占据绝对优势，因此，美国媒体对中国形象的负面报道主导了大部分美国公众，甚至主导了其他国家对于中国的看法。国家利益和意识形态已经成为西方媒体潜意识里的重要组成。《时代》周刊主编克夫就曾说过凡是违背西方民主、自由和人权的新闻，"我们就会在报道事实之外，加上一些负面的批评。"[1] 因此，涉及中国新闻时，他们经常会不自觉地从国家利益和意识形态出发，对新闻事件进行有倾向性地报道。[2] 例如，针对所谓的中国的网络攻击、窃取商业信息等报道并无确切和可靠的证据，很多都是无中生有、空穴来风。

《纽约时报》作为欧美影响力最大的主流媒体之一，在很大程度上主导着西方与世界媒体。但以严肃性报道闻名于世的《纽约时报》却常用双重标准来看待中国问题。《纽约时报》在法国等欧洲出现骚乱时，直接指称的是暴徒，但在中国新疆暴恐事件中则一直以来都拒绝称中国的暴徒为恐怖分子，反而将这些暴恐分子美化为争取人权的斗士。这种双重标准随着西方的利益需要而不断改变，缺乏独立判断力的受众很轻易就被操纵。[3] 2018年12月1日，针对孟晚舟事件，《纽约时报》等媒体纷纷为加拿大政府的行为进行辩护，却对加方缺少证据、不符合法律程序等事实采取回避态度。西方世界对中国不断进行妖魔化报道，导致中国的国家形象在国际社会严重失衡，中国已经被逐步塑造成为一个内部缺乏民主、践踏人权、腐败横行，对外不守国际规则又有扩张企图的新崛起大国形象，这必然

---

[1] 姜敬宽. 时代七十年 [M]. 台北：天下文化出版股份有限公司，1993：126.
[2] 陈勇，张昆. 美国国家利益和意识形态主导下的"中国形象"塑造——探析《时代》周刊（1949—2008年）的中国报道 [J]. 当代亚太，2012 (3).
[3] 杨涵.《纽约时报》2014年涉疆报道研究 [J]. 今传媒，2016 (2).

会对中国形象的塑造带来巨大阻碍和十分消极的后果。

三、全球化与文化霸权

当前，世界各国在政治、经济、文化等多领域、深层次加深了交流，经济全球化通过文化领域，进而影响到国际关系。一方面，经济全球化促进了各国间的文化交流。首先，在经济全球化下，科技人才和劳动力的国际流动日渐频繁和广泛。这些流动的人员在所驻国生活，特别是与所驻国民众交往过程中，必然会产生文化的接触与交流。因此，全球化带来的人员国际流动逐渐成为影响国家间文化交流的一个重要途径。其次，信息的迅速发展更为直接地促进了世界各种文化的相互交流。通信设施的日益进步，互联网的资源共享都在为文化交流"提速"。最后，经济全球化带来的大量商品在全球范围内流动，而这又使得附加于这些商品之上的文化具有了世界性，例如，"好莱坞"等已经成为美国在全球的文化标志。简言之，在全球化背景下，各个国家及人民之间通过形式多样的文化交流来交换观点、信息、艺术以促进相互理解，这已成为当前国家间关系领域的一个显著特点。

另一方面，经济全球化也为国家间文化交流带来了消极影响。当前，全球化时代文化上的碰撞与冲突日益增多。这是由于不同国家和民族间的文化存在差异，但就其本质来说，这些文化都是平等的。但是，由于当今的文化交流都是以资本与技术为支撑，在经济全球化带动文化全球化的时代中，一个国家科技与经济实力直接关系到该国的文化影响力。因此，在目前的国际社会中就出现了这种形势，即经济强势促成文化强势，而经济强权又催生了文化霸权。

由于具有经济、科技的领先优势，西方发达国家特别是美国在很大程度上将本应建立在双向、平等基础上的文化交流，变成了单向、不平等的文化输出。例如，1993年，克林顿政府就曾发表国家信息基础结构行动计划，其目的就在于利用自身的网络信息优势来开辟"思想战场"，在全球范围内传播美国的自由、民主、人权的价值观念。

当前，美国利用其文化霸主地位，导致了西方文化与非西方文化之间的矛盾与冲突，"文化安全"的重要性日益凸显。所谓国家文化安全，是指主权国家的文化价值体系，免于遭到来自内外部文化因素的侵蚀和破坏，并能在自主和自愿的基础上，消化和吸收一切对自己有利的文化价值观念和文明生活方式。[1] 由于全球化的推动，许多国家，尤其是很多发展中国家的主流文化价值体系在外来文化的大肆入侵下逐渐失去了在国家社会生活中的主导地位，国家文化安全面临着巨大的挑战与威胁。各国担心文化全球化会把自身本国家、本民族的文化"西化"，甚至"美国化"，纷纷采取措施来维护"文化主权"，保护和发扬民族文化的独特优势，强化自身个性，突出自身特点，旨在未来的世界文化格局中占据有利地位。

从深层次来看，文化安全关系到国家利益，尤其是国家的文化利益。而国家形象作为国家文化的外化形式必然会在文化霸权的冲击下受到影响。首先，一个国家的民族文化是国家认同的基础所在，也是国家民族精神的起点。如果民族文化受到挑战或威胁，将造成民族的认同危机，使整个民族和国家失去凝聚力和向心力。其次，意识形态与国家政权联系在一起，并为政权的"合法性"提供了文

---

[1] 李正国. 国家形象建构 [M]. 北京：中国传媒大学出版社，2006：66.

化基础。国家的意识形态受到挑战或威胁将导致国民对政权的信仰危机,进而导致政权危机。最后,文化安全关系到一个国家先进文化的发展,而后者是一个国家的文化发展方向。在当今文化、思想多元化的时代,缺乏先进文化对国民的精神引领,将使国民对国家、民族的未来产生怀疑,影响国家或民族的未来发展。维护国家的文化利益也就意味着维护国家的整体利益。国家的文化利益受到威胁会使国家的政治、经济等物质利益因缺乏精神支撑而受到威胁。

四、中外文化认同差异

文化作为民族精神外化的表现是国家形象的重要标志。文化信息背后隐含的是意识形态和内在的价值观,这也正是"软实力"的核心所在。"文化软实力集中体现了一个国家基于文化而具有的凝聚力和生命力,以及由此产生的吸引力和影响力。"[1] 因此,世界各国都需要考虑如何借助文化来构建国家的形象,释放其影响力。

一方面,中西文化呈现多样性特点,彼此认同差异巨大。文化多样性是客观存在的,它包括文学艺术、生活方式、价值体系、宗教信仰、传统习俗等诸多内容。[2] 这种多样性的文化是不同国家在各自的历史发展的长河中逐渐形成发展的,其外在体现是对于同一事物,不同的国家民众往往会产生不同理解和反应,甚至会出现歧义与误解。20世纪80年代,文化比较研究领域的学者霍夫斯泰德教授在其"文化维度"理论中指出,中国推崇集体主义,而西方国家

---

[1] 中共中央宣传部. 习近平总书记系列重要讲话读本 [M]. 北京:学习出版社、人民出版社,2016:206-207.
[2] 郑园园. 尊重文化多样性 [N]. 人民日报,2005-10-23 (3).

则高度推崇个人主义，尊重独立思考和批判精神，注重平等和个体尊严。① 这种文化的差异也常常造成在国家交往与民众交流中，双方相互不理解、不认同，难以建立彼此接受与信任的关系。

另一方面，西方国家刻意贬低中国文化。国家间文明与文化虽有发展先后之别，却无优劣高下之分，文化的多样性与异质性本应该得到尊重。但自近代以来，西方国家经常会利用文化的差异性为其掠夺战争获得"正义"的解释与动机。② 西方的中国形象从18世纪中叶开始转型，一直延续到19世纪，并且被逐渐强化。从19世纪开始，随着了解的不断深入，中国与中国人的弱点及陋习被无限放大，在西方视野里中国虽然拥有悠久历史，但也是一个停滞发展，并正堕入野蛮的国家，而中国人不仅野蛮、凶残，喜好各种酷刑，溺婴等犯罪层出不穷，而且贪婪、奸诈和怯懦，"华人留着一条长辫子的习惯以及他们的各种风俗传统，在西方人看来都是不可理解的"③。彼时的中华民族已成为一个不道德的、堕落的和不可取的种族，被视为人类中最低等的一支民族。这种极端负面形象的出现也为西方帝国主义的扩张侵略提供了必要的意识形态。

国际社会在这种长期的负面宣传下逐步形成了对中国形象的刻板印象，当代中国也因此被贴上了政治专制、精神愚昧、道德沉沦等负面标签。2017年，德国一家公司在其出售的两款T恤上分别印有"救一只狗，吃一个中国人""救一条鲨鱼，吃一个中国人"等辱华内容。从表面上看，该事件虽属于个例，商家认定中国人野蛮

---

① 刘琛. 中外文化差异与误读［J］. 对外传播，2010（8）.
② 周宁. 天朝遥远：西方的中国形象研究［M］. 北京：北京大学出版社，2006：312.
③ 王晓德. 美国文化与外交［M］. 天津：天津教育出版社，2008：255.

不堪，喜食狗肉和鱼翅。但深入思考后可以发现，这与百年之前英国小说家萨克斯·洛莫尔所塑造的邪恶角色"傅满洲博士"形象，可谓一脉相承。西方社会一直希望利用文化的不同，将自身塑造为理性、自由、进步的形象，以便他们能在"道德的制高点"对包括中国在内的非西方国家肆意诋毁与指责，进而达到其背后的政治目的与利益。

五、中国自身存在不足

从中国自身角度分析，有两方面因素促使了中国国家形象安全问题的出现。一方面，忧患意识未在中国社会发展进程中占主导地位。虽然中国古代关于安全与危机的思想颇为丰富，例如，春秋战国时期是中国历史上的一个特殊的大动荡、大变革、大发展时期，也是中国古代政治思想发展的重要时期，在此时期内"激发了这一时代贵族有识之士的革新意识和忧患意识"[1]。《易经》提到"君子安而不忘危，存而不忘亡，治而不忘乱，是以身安而国家可保也"[2]；《尚书》强调"惟事事，乃其有备，有备无患"[3]；孟子也强调"生于忧患而死于安乐"[4]。但总体来看，由于两千多年的封建专制制度的存在，中国历代帝王都希望"江山永固""千秋万代"，如有人提出危机之言、警世之论，便会被很多统治者贴上为祸江山的异端标签，甚至会惨遭迫害，因此，忧患意识并没有成为中国传统

---

[1] 陈来. 古代思想文化的世界：春秋时代的宗教、伦理与社会思想 [M]. 北京：生活·读书·新知三联书店，2009：11.
[2] 姬昌. 周易 [M]. 杨天才，张善文，译注. 北京：中华书局，2011：622.
[3] 诸子百家. 尚书 [M]. 王世舜，王翠叶，译注. 北京：中华书局，2012：419.
[4] 孟子. 孟子 [M]. 万丽华，蓝旭，译注. 北京：中华书局，2010：210.

文化的主流，对中国人思维习惯的影响也有限。① 在这种专制皇权思想的侵蚀下，大多数古代中国人在经历灾祸后会寄希望于天命，而面对忧患和危机则逐渐变得冷漠，到了近代甚至出现了很多鲁迅笔下愚昧落后、冷血自私的"看客"，从而出现许多有识之士为了唤醒民众、挽救民族危亡而大声疾呼。这种忧患危机意识缺乏的情况难以在一朝一夕间改变，也必然会在中国形象的塑造过程中造成影响。

另一方面，中国在对外形象传播方面存在不足。一是主观上长期缺乏国家形象塑造与传播的紧迫性。中国人崇尚"君子欲讷于言而敏于行"②，认为应该要少说多做。改革开放以来，中国一直认为埋头做好自己的事情就足矣，外界迟早会理解并接受中国，加之安全忧患意识的缺乏，中国在很长时间里都忽视了对外塑造和宣传自己的正面形象。当中国逐步成为世界第二大经济体，中国游客买遍全球的时候，"中国威胁"等论调变得更加甚嚣尘上，这才让中国人从主观上意识到形象安全问题的严峻性。二是虽然当前传播中国形象的工作较以往已经有了很多改进，但仍存在许多不足之处。例如，中国目前在对外塑造形象时用力过猛、操之过急，容易让外界产生误解与反感。截至 2019 年年底，中国在全球 162 个国家和地区设立了 550 所孔子学院和 1172 个孔子课堂。③ 在某些批评者眼中，孔子学院总部是中国官办机构，他们担心中国政府可能会通过孔子学院这样的文化机构来影响别国政治。而这种消极心态其实源自长期以

---

① 陈桂蓉. 传统危机意识的现代价值及其反思 [J]. 福建师范大学学报，2007（6）.
② 论语　大学　中庸 [M]. 陈晓芬，徐儒宗，译注. 北京：中华书局，2011：46.
③ 中国国际中文教育基金会网站. 孔子学院全球网络 [EB/OL].（2021-11-02）[2021-11-11]. https://www.cief.org.cn/qq.

来西方对共产主义的担忧和恐惧,当孔子学院被与共产主义联系在一起的时候,其发展必然会遇到很大的阻力。① 中国政府希望借助文化交流来扩大中国的软实力并提升国家形象,但其官方背景让很多西方公众质疑中国政府的政治目的,因此儒学和孔子学院似乎并未如设想的那样成为强大的软实力的组成部分。②

总之,随着中国在推动"一带一路",融入国际社会程度的加深,文化全球化既给我们带来了文化上的交流与合作,同时,以美国文化为代表的西方强势文化以其先进的传播手段冲击着中国的文化生存与文化发展,因此,中国在新时代有必要站在战略的角度来思考中国国家形象塑造问题。

第三节 立体公共外交与国家形象塑造

2021年5月31日,中共中央政治局就加强我国国际传播能力建设进行第三十次集体学习。中共中央总书记习近平在主持学习时强调,讲好中国故事,传播好中国声音,展示真实、立体、全面的中国,是加强我国国际传播能力建设的重要任务。要深刻认识新形势下加强和改进国际传播工作的重要性和必要性,下大气力加强国际传播能力建设,形成同我国综合国力和国际地位相匹配的国际话语权,为我国改革发展稳定营造有利外部舆论环境,为推动构建人类

---

① 李开盛,戴长征. 孔子学院在美国的舆论环境评估[J]. 世界经济与政治,2011(7).
② [芬]安雅·拉赫蒂宁,崔玉军. 中国软实力:对儒学和孔子学院的挑战[J]. 国外社会科学,2016(2).

命运共同体作出积极贡献。显然，中国国际传播能力的提升和国家形象的改进离不开中国公共外交工作的更新换代。

美国学者格里恩（Edmund Gullion）在1965年首次使用公共外交一词时，将其定义为："公共外交旨在处理公众态度对政府外交政策的形成和实施所产生的影响，它包括超越传统外交的国际关系领域：政府对其他国家舆论的开发、一国私人集团与他国的互动、外交使者与国外记者的联络等。公共外交的中心是信息和观点的流通。"① 美国国务院编的《国际关系术语词典》中认为公共外交是指"由一国政府支持的主要通过出版物、电影、文化交流、广播和电视告知、影响他国公众舆论的项目"②。中国时任外交部部长杨洁篪认为，作为对传统外交的继承和发展，公共外交通常由一国政府主导，借助各种传播和交流手段，向国外公众介绍本国国情和政策理念，向国内公众介绍本国外交方针政策及相关举措，旨在获取国内外公众的理解、认同和支持，争取民心民意，树立国家和政府的良好形象，营造有利的舆论环境，维护和促进国家根本利益。③ 可见，从经典的公共外交的定义看，"传统公共外交的行为体是典型的国家行为体（state-actors）"。国家从事公共外交的目的，"在于保护国家的海外利益，尤其是本土安全这一当前最重要的国家利益"④。我国

---

① 公共外交网. What Is Public Diplomacy [EB/OL]. (2008-01-05) [2019-05-11]. http：//www.publicdiplomacy.org/1.htm.
② 公共外交网. Definition of Public Diplomacy [EB/OL]. (2008-01-05) [2019-05-11]. http：//www.publicdiplomacy.org/1.htm.
③ 求是理论网. 杨洁篪. 努力开拓中国特色公共外交新局面 [EB/OL]. (2011-02-16) [2019-11-12]. http：//www.qstheory.cn/zxdk/2011/201104/201102/t20110214_67907.htm.
④ 赵可金. 公共外交的理论与实践 [M]. 上海：上海辞书出版社，2007：16.

较早研究公共外交的赵可金也持类似观点。①

虽然传统上，人们一般将公共外交的主体定位于政府及其相关部门，然而，关于公共外交主体的争论并未结束。李志永就曾在2009年年初指出，这种仅仅以国家或政府为外交主体的传统外交是与公民社会未兴、政府控制整个国家的对外事务的现实一致的。②然而，形势比人强。关于公共外交的内涵与形式正在发生根本性变化。

随着全球化的推进、新兴媒体的介入和公民社会的崛起，国家社会化与社会国家化交融发展，外交公开化与民主化并驾齐驱，非政府公共外交形式不断出现，涵盖非政府主体的大公共外交概念应运而生。事实上，早在1968年，阿瑟·霍夫曼（Arthur Hofman）对公共外交概念的界定就明确指出了多元化的主体：政府、个人及团体直接或间接地去影响那些能对其他政府的外交政策决策直接施加压力的外国公众的态度和舆论。③ 加洛尔·曼海姆（Jarol Manheim）1994年在《战略公共外交与美国外交政策》一书中指出，公共外交分为民众对民众与政府对民众两种形式。民众对民众的公共外交以文化交流为特征，政府对民众的公共外交是指一国政府为使他国外交政策朝有利于本国利益的方向转变，通过各种方式影响他国舆论。④ 2002年，英国外交智库外交政策中心提出了一种基于外交使

---

① 李志永. 公共外交相关概念辨析 [J]. 外交评论，2009 (2)：65.
② Arthur Hofman, International Communication and the New Diplomacy [M]. Bloomington：Indian University Press, 1968.
③ Jarol Manheim, Strategic Public Diplomacy and American Foreign Policy [M]. Oxford：Oxford University Press, 1994.
④ M. Stead Lenard and C. Smewing Public Diplomacy [M]. London：The Foreign Policy Centre, 2002：7.

馆新角色定位的"多边公共外交"概念。这种多边公共外交要义有三：要求将各国使馆重组为游说和政策交流的组织；致力于创造将不同跨国政党和非政府组织联系起来的基本条件以创造一个共同的政策空间；设计一些主动的沟通交流活动。① 这种多边公共外交概念事实上折射了欧盟的公共外交实践，在欧盟的外交决策中，很多重要的政策不是在其成员国内部而常常是在布鲁塞尔或斯特拉斯堡这些欧盟"共同的政策空间"中决定的。可见，在多边公共外交分析中，分析的对象不再是一个国家而是一个地区的公共外交实践（如欧盟对非洲的公共外交）。很显然，这一概念自上而下地突破了传统公共外交限于国家主体的界定。

公共外交传统概念不仅受到自上而下的挑战，而且受到自下而上更大的挑战。随着公民社会的成长和信息社会的到来，各种非政府组织、现代企业与媒体以及公民个人的言行日益与国家形象紧密相连，成为公共外交体系中不可或缺的一部分。美国南加利福尼亚大学公共外交中心就试图从软权力角度扩大传统的公共外交定义。该中心认为诸如贸易、旅游、文化、经济等私人活动对外交政策和国家安全具有重大影响，公共外交行为体不仅包括政府也包括其他行为体，其中企业就是极为重要的行为体。时任中国政协外事委员会主任赵启正明确指出，公共外交的行为主体包括政府、民间组织、社会团体、社会精英和广大公众等多个层面。② 王莉丽明确提出了"多元公共外交"概念，认为多元公共外交作为一种意识形态权力系统，主要由国家权力、思想权力、舆论权力和经济权力构成。在多

---

① 赵启正. 公共外交与跨文化交流 [M]. 北京：中国人民大学出版社，2011：4.
② 赵启正. 公共外交与跨文化交流 [M]. 北京：中国人民大学出版社，2011：4.

元公共外交系统中，政府、智库、媒体、企业以及普通公众形成了多个相互独立的中心并且存在着多元的舆论互动。①

尽管国内外学者普遍认为，全球化时代从事公共外交的主体应该是多元的，但他们并没有把不同主体从事的公共外交行为作为一个单独的外交形态进行研究。鉴于此，本书认为，与时俱进不仅是实践的本性而且也必须是理论的本性。公共外交概念的界定也必须与时俱进。公共外交是一国政府与非政府行为体为了改变外国公众观念、塑造自我良好国际形象而开展的信息、知识和价值传播活动。作为一种影响外国公众的传播活动，从行为主体角度而言，公共外交包括政府公共外交与非政府公共外交。政府公共外交也可称为国家公共外交或国家公关。非政府公共外交按照主体的不同又可划分为多边公共外交、智库公共外交、企业公共外交、媒体公共外交、非政府组织公共外交、公民公共外交等相对独立的公共外交形态。随着公共外交实践和观念的演变，现在人们日益接受这种涵盖了政府与非政府行为体的立体公共外交概念（图1）。

从五矿并购失败到华为、中兴和TikTok遭受美国霸凌，从"新冠病毒"起源到所谓的"强迫劳动"等问题上西方对中国的抹黑，种种"莫须有"的罪名被烙印到中国及其企业身上，其根源就在于中国立体公共外交的缺乏和虚弱所导致的国际传播能力的缺乏和虚弱。这种缺乏和虚弱具体体现在五方面：其一，在国家层面，中国缺乏持久精细的公共外交活动为中国及其企业"走出去"保驾护航，各种大型的国家公关行动尚未落到实处。其二，在社会层面，中国

---

① 王莉丽."多元公共外交"理论框架的建构[J].中国人民大学学报，2018（2）：117-118.

```
                        ┌──  多边公共外交
              ┌─ 政府公共 ─┤
              │   外交    └──  智库公共外交
   公共 ──────┤
   外交        │           ┌──  企业公共外交
              └─ 非政府公共 ┤
                  外交     ├──  媒体公共外交
                          │
                          ├──  非政府组织公共外交
                          │
                          └──  公民公共外交
```

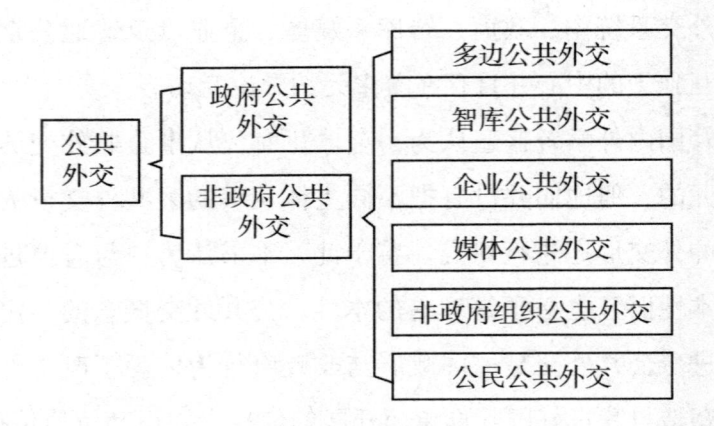

图1　立体公共外交

社会缺乏广泛深入的公共外交活动为中国及其企业摇旗呐喊，各种智库、社会媒体、民间组织和公民个人尚未被充分培育和动员起来。其三，在企业层面，中国企业缺乏公共外交意识，仍然停留在短期商业利益竞逐，而不懂得长期企业品牌和形象的培育。其四，在国际层面，中国缺乏利用国际多边机制进行公共外交的意识，限制了中国及其企业的国际视野。之所以会造成这四个"缺乏"，问题的关键就在于第五个"缺乏"，即政府、企业和社会缺乏相互借用、有机整合和良性互动，仍然停留在各自为政从而孤军奋战的局面，而未形成相互配合相互协调的立体公共外交体系。

大众政治背景下的"一带一路"建设，光靠高涨的激情和充足的资金支持是不够的。要处理好中国及其企业在"一带一路"实施中所面临的种种负面因素的干扰，强化公共外交尤其是立体公共外交是中国政府保护其利益绕不过去的一道坎。有鉴于此，为了提升中国国际传播能力和国际话语权，更为了推动"一带一路"走深走实，我们必须强化政府公共外交、拓展企业公共外交、激活社会公共外交、拓展多边公共外交，并积极从宏观上优化立体公共外交的顶层设计，实现不同公共外交形态的有机整合，以真正实现海外利益的立体持久保护和中国国际形象的持续改善，最终彻底解决"挨骂"问题。

  总之，伴随中国的持续发展和壮大，中国的企业和社会组织必然更多地走向世界。在"一带一路"的建设过程中，深度参与、塑造全球化是中国和平崛起的必经阶段，是中国崛起的新领域。尽管国际对华负面舆论持续发酵，中国不断遭受各种抹黑和谩骂，但只要中国及其企业善于不断地总结经验和吸取教训，积极有效地开展立体公共外交，走出去的中国必能"凤凰涅槃"，最终掌握国际话语主动权，解决"挨骂"问题，为中国的和平发展开辟新路。有鉴于此，本书试图从立体公共外交视角审视"一带一路"建设尤其是"一带一路"倡议的国际传播，分别从政府公共外交（第一章讨论文化外交、第二章讨论主场外交）、企业公共外交（第三章）和多边公共外交（第四章）角度梳理总结中国公共外交实践的成就与不足，以提升中国国际传播力，推动"一带一路"走深走实。

第一章

文化外交与"一带一路"倡议的国际传播

文化外交是公共外交体系中最古老、最基础、最常见的外交形式。开展文化外交,不仅是为国家的整体外交战略服务,而且其"柔"性的特点使它成为构建国家形象的一条重要途径,能在中国推动"一带一路"倡议的过程中,不断促进各国人民心灵的沟通,推动各国关系的发展。

第一节 文化外交与软实力

在当今的国际社会,一国国家形象的构建不仅关系到该国当前的国际影响力,而且还关系到它的长远利益。文化作为一种长远的影响力必将对国家形象的构建起到重要的推动作用,而在文化外交战略的统领下,借助文化外交的途径,构建国家形象的工作才能有条不紊地展开。

一、文化的概念

一直以来,学界对文化的概念可谓见仁见智,难以有一个明确而统一的定义。文化作为一个"包罗万象的复合体"具有复杂性和不确定性。不同学科、不同学者对文化概念都有各自的理解。美国人类文化学家 A. L. 克罗伯(A. L. Kroeber)和克拉克洪(Kluckhohn)曾收集分析过 160 多个由人类学家、社会学家、精神病学专家以及其他学者给文化下的定义。另据 20 世纪 80 年代的统计,仅政治的文化定义就有 360 个以上。正如英国著名学者罗威勒说:"这个世界上没有别的东西比文化更难捉摸。我们很难分析它,因为它的成分无穷无尽;很难描述它,因为它没有固定的形状。要用文字来界定它,如同想把空气抓在手里。当我们去寻找文化时,除了不在我们手中,它无所不在。"[1] 可以说,文化像空气似的难以捉摸,但也像空气一样至关重要,不可或缺。

在古代中国,文化一词最早出自《易经》:"观乎天文,以察时变;观乎人文,以化成天下",其中的"文化"包含了"文治与教化"的意思;在西方,"文化"(culture)一词则来源于拉丁文 CULTURA,原意是对土地的耕耘和对植物的栽培,蕴含着人类的活动,以后引申为对人的身体和精神两方面的培养。

1871 年,英国文化学家泰勒在《原始文化》一书中提出:"文化包括作为社会一名成员的人所获得的全部能力与习惯。"《不列颠百科全书》定义文化为:"包括语言、思想、信仰、风俗习惯、禁

---

[1] 栗尚正. 世纪文化难题与我们的文化使命[J]. 中共桂林市委党校学报,2003,1: 9.

忌、法规、制度、工具、技术、艺术品、礼仪、仪式及其他有关成分。"① 1982年8月6日，墨西哥世界文化政策会议通过了题为"墨西哥城文化政策宣言"的文件，其中给文化所下的定义是："从最广泛的意义讲，文化现在可以看成是由一个社会或社会集团的精神、物质、理智和感情等方面显著特点所构成的综合的整体，它不仅包括艺术和文学，也包括生活方式、人类的基本权利、价值体系、传统和信仰……"②

概括起来，我们现在对文化的理解，通常有广义文化和狭义文化之分。广义的文化，是指人类社会历史实践过程中所创造的物质财富和精神财富的总和。狭义的文化，是指人类创造的一切精神方面的财富，诸如文学、艺术、教育和习俗等。美国文化人类学家A. L. 克罗伯和克拉克洪对文化下了一个综合定义："文化存在于各种内隐的和外显的模式之中，借助符号的运用得以学习与传播，并构成人类群体的特殊成就，这些成就包括他们制造物品的各种具体式样，文化的基本要素是传统（通过历史衍生和由选择得到的）思想观念和价值，其中尤以价值观最为重要。"③ 这一文化定义为现代西方许多学者所接受，笔者对该定义也持赞同意见。

在国际关系理论中，对文化的基本共识是：它是指一种民族文化的形成，经历了长期的演变过程，构成其主要内容的基本价值观具有相对稳定性，会对一代又一代人的生活方式、行为方式、思维

---

① 不列颠百科全书（国际中文版）[M]. 北京：中国大百科全书出版社，1999，5：55.
② Cultural Rights. Mexico City Declaration on Cultural Policies, 1982 [EB/OL]. (1982-08-06) [2021-11-12]. https://culturalrights.net/descargas/drets_culturals401.pdf.
③ 中国大百科全书（社会学卷）[M]. 北京：中国大百科全书出版社，1991：409.

方式产生潜移默化的影响，塑造他们与其他民族不同的基本特征。

二、文化外交的概念与特点

我们可以将文化对外交的反作用理解为两层含义：其一是外交文化，即指一个国家的文化在经过了历史的沉淀之后，对该国的外交观念、外交政策的制订及其实施等方面产生影响。其二就是文化外交，通过文化交流来影响他国及其民众的价值观念和态度。外交文化是文化外交的核心价值所在，本文所研究的"国家形象"其实就是一个国家的外交文化的一种外化形式，它通过文化外交来传递给世界各国。

从定义上来看，文化外交是"对一国文化部门或文化界旨在促进国家间关系所进行的对外文化交往和交流的一种提法。在中国，这种对外文化交往和交流被认为是中国总体外交的组成部分"[①]；从范围上讲，文化外交的对象也不只限于对他国政府，还包括非政府组织，甚至直接面对他国公众等。"柔性"是文化外交所具有的最大的特性，即文化外交注重对民众思想观念潜移默化地影响。中国前文化部部长孙家正就曾把文化比作"水"，滋润万物、悄然无声、柔而有力，因此能渗透人心。

一方面，文化外交通过推动国际文化交流，促进各国人们心灵的沟通，进而推动国家间关系的发展。另一方面，文化外交的开展是为一个国家整体外交战略服务的，因此，很多人指出，国家应充分利用文化外交来控制人的思想，进而实现控制别国政府。例如，

---

① 钱其琛. 世界外交大辞典（下）[M]. 北京：世界知识出版社，2005：2087.

美国的艾森豪威尔总统在 1959 年时大力推动了美苏之间的民众往来，鼓励和邀请苏联青年人到美国学习和生活。很显然，美国政府是将文化外交作为了对苏联发动的"和平演变"的一项有力的工具。

文化外交的"柔性"，还具体表现在其长期性与隐蔽性等两个具体层面。

所谓文化外交的长期性，不仅指文化外交的实施过程一般漫长，还意味着文化外交作用于国家战略实施的效果，是一个潜移默化的过程。文化外交对国际社会产生的影响并非立竿见影，其效果需要较长时间才能显现。早在 1925 年，美国卡耐基基金会的负责人尼古拉·摩莱·巴特勒就认为，思维的转变是一个费时费力的过程，只有长期有目的地开展"国际知识合作"，美国的价值观才能得到国际社会的普遍认可。[①] 20 世纪 70 年代，日本政府意识到文化将在其成为世界大国的道路上起到十分重要的推动作用，因此，日本政府在文化外交方面很下精力，比如，欢迎外国学生赴日留学等。经过多年努力，日本获得了一些国家对其的好感度。

文化外交的隐蔽性。1938 年，美国国务院的理查·帕蒂认为，"政治渗透和经济渗透都带有强制色彩，但文化交流则更容易被接受。"[②] 这与 19 世纪以传教名义所进行的文化侵略活动在本质上是一致的。美国传教士在民主和基督教的掩盖下，通过传教来影响、控制被侵入地区人们的思想，扩大美国的势力范围；一百多年后，美国仍利用文化外交的隐蔽性来输出自己的民主价值观，召开国际

[①] Frank A. Ninkovich. *The Diplomacy of Ideas：U. S. Foreign Policy and Cultural Relations*，1938—1950 [M]. Cambridge：Cambridge University Press，1981：11.

[②] Frank A. Ninkovich. *The Diplomacy of Ideas：U. S. Foreign Policy and Cultural Relations*，1938—1950 [M]. Cambridge：Cambridge University Press，1981：27.

会议是为了让知识分子们讨论"民主和市场",播送逃避现实的电视节目则是要激起观众对"另一个世界"的幻想。①

三、文化外交与软实力

1990年,美国著名国际政治学者、哈佛大学肯尼迪政府学院教授约瑟夫·奈在《注定领导世界:美国权力性质的变迁》和《软实力》中,最早明确提出并阐述了"软实力"概念。他将综合国力分为硬实力与软实力两种形态。软实力来源于文化、政治价值观和对外政策。② 冷战结束后,约瑟夫·奈对软实力的研究也在不断地深入。1996年,在《美国的信息优势》一文中,他强调在信息时代软实力具有重要的战略意义,因为"知识就是权力,这一点比过去任何时候都更加明显"③。约瑟夫·奈关于"信息权力"概念的提出,大大推动了"软实力"理论的发展。1999年年初,他在《软实力的挑战》一文中指出,软实力体现了国家文化与意识形态诉求,它通过吸引和说服别国,而非以强迫方式来获得自己想要的结果。④ 同期,他又在《重新界定美国国家利益》指出:"硬实力和软实力同样重要,但是在信息时代,软实力正变得比以往更为突出。"⑤ 2000年初,约瑟夫·奈对美国的软实力资源作了进一步论述。他认为:"美国软实力不仅源自其自由和民主的价值观念,也来源于其强大的

---

① 朱威烈. 国际文化战略研究 [M]. 上海:上海外语教育出版社,2002:66.
② 杨文静. 重塑信息时代美国的软权力——《软权力:在世界政治中的成功之道》介评 [J]. 现代国际关系,2004 (8).
③ Joseph Nye and William Owens. Americas Information Edge [J]. Foreign Affairs,March/April 1996.
④ Joseph Nye. The Challenge of Soft Power [N]. Time Magazine,Feb. 22,1999.
⑤ Joseph Nye. Redefining the National Interest [J]. Foreign Affairs,July/August,1999.

文化输出能力，同时也依赖于其外交政策和外交风格。"① 2004年，约瑟夫·奈在《软实力：世界政治中的成功之道》一书中较为系统地论述了"软实力"主要包括文化吸引力、政治价值观吸引力及塑造国际规则和决定政治议题的能力等。

"软实力"理论学说一经推出就在国际社会引起了广泛的反响。作为综合国力的重要组成部分，软实力对国家的内政外交方面都发挥了巨大的作用。"软实力"不仅得到了学界的广泛认同，而且很多决策者也将其运用到了实际当中。例如，当前的美国政府所制定的一系列政策中都吸收了"软实力"学说的主要观点。为了维持、巩固和扩大美国在全球各国的影响力和控制力，维护自身的世界霸权地位，美国依靠其发达的媒体与信息资源，通过影视作品和网络内容资源等流行文化向广大发展中国家推行美国民主价值观念，从而使得一些意志薄弱者放弃了自身的民族文化和传统，纷纷追随、仿效。

理论的总结和政策的应用都让我们意识到，作为综合国力的重要组成部分，软实力的地位和作用与硬实力不相上下，而且它还具有两方面的优势：其一，软实力的内容比硬实力更加丰富，它主要通过文化、价值观、政治体制等方面的吸引力来影响别国。其二，软实力表现形式往往是无形而相对温和的，它能通过非强制性的和说服渗透的方式来实现决策者的意图，以其潜在的、超国家的、无形的影响力来对外部世界进行影响，这往往能够发挥比经济制裁、军事手段更加显著的效果。中国目前也已经接受这个概念，中国共

---

① Joseph Nye. The Power We Must Not Squander [N]. New York Times, Jan. 3, 2000.

产党的十七大、十八大、十九大报告中都明确指出要努力"提高国家文化软实力"①。

在国际关系与外交领域，文化是一种有效的权力资源，它与军事力量、经济力量一同成为国家间展开权力角逐的利器。很多学者将文化称为"文化力"或"软实力"。他们强调，文化是驱使民族国家采取行动和自组运作的基本动力②，文化作为一国所拥有的权力资源具有对外影响他国的能力，并以此达成其外交战略目标。在这个过程中，关键在于思想和文化的感召力和吸引力（让对方想做你想要他做的事）所起的作用。③

约瑟夫·奈指出美国的形象依赖于文化、国内政策和外交政策等方面。④ 其中，作为软实力资源之一的文化，约瑟夫·奈认为它在为美国国家形象塑造方面起到了重要作用。一方面高雅文化、学术交流、教育等为美国创造了相当多的软实力；另一方面，流行文化的吸引力也帮助美国达到了重要的外交政策目标，例如流行娱乐和流行运动。正如诗人卡尔·桑德堡1961年所言："什么，好莱坞比哈佛更重要？答案是：好莱坞虽不如哈佛纯净，但不管怎样，触

---

① 胡锦涛. 高举中国特色社会主义伟大旗帜　为夺取全面建设小康社会新胜利而奋斗——在中国共产党第十七次全国代表大会上的报告［R］. 北京：人民出版社，2007：33.
胡锦涛. 坚定不移走中国特色社会主义道路　夺取中国特色社会主义新胜利——在中国共产党第十八次全国代表大会上的报告［R］. 北京：人民出版社，2012：30.
习近平. 决胜全面建成小康社会　夺取新时代中国特色社会主义伟大胜利：在中国共产党第十九次全国代表大会上的报告［R］. 北京：人民出版社，2017：44.
② ［美］麦哲，谭晓梅，潘忠岐. 文化与国际关系：基本理论述评（上）［J］. 现代外国哲学社会科学文摘，1997（4）.
③ 李智. 文化外交：一种传播学的解读［M］. 北京：北京大学出版社，2005：7.
④ ［美］约瑟夫·奈. 软力量：世界政坛成功之道［M］. 吴晓辉，钱程，译. 北京：东方出版社，2005：70.

角伸得更长。"①

从约瑟夫·奈结合美国实际来分析文化对其软实力的推动作用，可以看出：文化推动软实力增长，而软实力又推动国家形象的塑造。因此，从文化的角度来制定对外战略可以有助于增长软实力和塑造国家形象。

第二节 新中国文化外交的历史沿革

文化外交是一国构建国家形象的重要途径。"观乎人文，以化成天下"② 是对文化外交在国家形象树立中的作用最好诠释。良好的国家形象能帮助国家更便利地获得战略利益，而负面的国家形象将妨碍国家战略利益的实现，成为本国走向世界的一大阻碍。由于国家形象关系到国家的战略利益，因此当前很多国家都不惜付出巨大的财力、物力来构建本国形象，力图赢得巨大的回报。而文化外交所从事的就是一项投入大、周期长、回报高的国家形象构建工程。国家在实施文化外交构建形象时，应充分运用其文化资源，例如，国家的历史文化资源、价值观念、政治体制、信息资源等。从理论上讲，国家的文化资源是无限的，但在实际操作中则受制颇多，因为一国文化并非对所有国家和地区、在任何时候都有吸引力。因此，国家不可滥用文化资源，而要适时、适机、适当地调整文化外交的

---

① [美] 约瑟夫·奈. 软力量：世界政坛成功之道 [M]. 吴晓辉, 钱程, 译. 北京：东方出版社, 2005: 49.
② 姬昌. 周易 [M]. 杨天才, 张善文, 译注. 北京：中华书局, 2011: 207.

内容和目标对象，以免误用不当的文化外交政策和活动造成文化资源的浪费，对国家形象也造成损害。最后，国家形象对于传统的威望政策来说是一种超越，关键就在于前者强调"信誉政治"①。传统的威望政策是建立在武力炫耀和带有虚伪性的对外宣传之上，而国家形象则基于威信与诚信并重的文化外交。② 简言之，即"以信立国"。如同商业竞争中除了要有广告宣传外，更重要的是产品的优质，这样才能将商品很好的推销出去。一个国家在向别国展示自身的文化应是基于民主、自由等文化价值观念的，这样才能吸引他人，从而在国际舞台上树立起良好的国家形象。

一、改革开放前的中国文化外交

随着新中国的成立，国际社会由于冷战思维，普遍出现了对共产党国家的恐慌，新中国的国家形象也被西方一些国家描绘得极度黑暗，面对这一严峻的形势，为了新中国政权的巩固与稳定，也为了中国形象的改善与长远发展，新中国开展了大量的工作来构建国家形象，其中，在战略的视角下开展文化外交就是其中的一项重要内容。

鉴于新中国成立初期的国际形势，文化外交的开展是根据受众国的不同而"各有差异"。首先，中国根据当时的国际形势和国内状况，选择站在社会主义一边，对社会主义国家宣传中国革命胜利为内容的现实主义题材。其次，对于存在思想意识分歧的广大亚非拉

---

① Robert Keohane and Joseph Nye. Power and Interdependence in the Information Age [J]. Foreign Affairs, September/October 1998: 89-90.
② 李智. 文化外交：一种传播学的解读 [M]. 北京：北京大学出版社，2005: 70.

各国，中国政府提出"求同存异""和平共处"，文化外交的内容更多偏向传统文化和地方特色节目。最后，由于当时的西方国家对中国采取了敌视、封锁政策，为了让这些国家的民众进一步了解中国，中国政府对他们通常以弘扬中华悠久历史文化为主，尽量让他们在历史、文化中认同中国。

（一）中国对社会主义国家的文化外交

新中国成立后，采取了"一边倒"的外交策略，站在了以苏联为首的社会主义阵营一边。而新中国的文化外交也主要在社会主义阵营中开展，以树立新中国形象和增进国家间的同志友谊为目标。毛泽东和周恩来先后为文化外交工作提出了"友谊（加强与各国人民的友谊）、学习（首先是向社会主义各国学习）、宣传（向各国人民介绍新中国）"和"寻求友谊、寻求和平、寻求知识"的指导方针。其间，针对苏联等社会主义国家的文化外交工作开展得最早，收效最大。到1958年年底，中国所接待和派遣的社会主义国家的代表占对外文化友好代表往来总人数的70%以上。[1] 同时，中国与这些社会主义国家交流的领域也十分广泛，涉及文艺、教育、体育、新闻等众多文化领域。文化外交不仅向这些社会主义国家充分展示了新中国的形象，同时也促使中国与它们结下了深情厚谊。

（二）中国对周边国家与广大发展中国家的文化外交

新中国成立后非常重视同周边国家和广大发展中国家的关系，而文化外交的开展成为中国与这些亚非拉国家友好关系发展的推动

---

[1] 葛慎平. 金桥新篇：新中国对外文化交流50年纪事 [M]. 北京：文化艺术出版社，2000：32.

剂，使新中国在国际上的影响力逐步增强。建国初期，中国相继与周边国家开展了文化交流，以加强彼此间的关系。例如，1956年5月，梅兰芳率中国京剧团访日，揭开了中日文化交流的新篇章。中国戏剧家的演出受到了日本各界的热烈欢迎，皇族三笠宫和鸠山首相也来观赏了梅兰芳的高超演技。同年，日本成立日中文化交流协会。1963年，中日友好协会在北京成立。中日友好协会和日中文化交流协会安排了许多民间的文化友好交流项目，这一时期的中日文化交流与民间往来也为日后的中日邦交正常化奠定了坚实的基础。亚非会议后中国对发展中国家的文化外交进入新阶段，对象更为广泛，层次更为深入，与中国有文化交流的亚、非、拉国家大幅增加。[1] 在长达20年的过程中，文化外交成为中国发展同这些国家关系的"先行官"。它对树立中国形象，增进友谊，扩大影响都起到了十分重要的作用。

（三）中国对西方国家的文化外交

建国初期，由于西方国家对新中国实行敌视封锁政策，中国的外交局面难以打开，中国的形象难以在国际社会上展示，这不利于新中国的长远发展。针对这种局面，周恩来多次提出要和世界各国发展文化交流，因为这有助于"改善各国的经济状况，增加各国的互相了解，增进国际合作"[2]。这表明，中国希望借助文化外交推动包括同西方国家在内的各国之间的关系。这种文化先行，增进了解，水到渠成，达成外交的做法，推动了中西文化的交流。此时，中国

---

[1] 中华人民共和国文化部对外文化联络局. 中国对外文化交流概览：1949-1991 [M]. 北京：光明日报出版社，1993：55.
[2] 周恩来. 第一届全国人民代表大会第一次会议上的报告 [N]. 人民日报，1954-09-24（2）.

同欧洲国家的文化交往与民间交流，有助于各国人民改变对中国的旧有认知，了解与接受新中国。而根据毛泽东"寄希望于美国人民"的教导，在美国敌视封锁中国的时期，中国采取积极主动的姿态，著名的"乒乓外交"成功地"打开了两国人民友好往来的大门"①，对中美关系产生了深远的影响。

总体来说，改革开放前的文化外交的开展具有战略性和前瞻性，一方面，它突破了西方国家对新中国的遏制和封锁，开创了中国外交的新局面。通过文化交往，推动国家关系的改善与发展。周恩来曾形象地把对外文化交流比喻为中国外交工作两翼中的一翼。从新中国成立到1966年，中国与外国签订的政府间文化合作协定达30多个。到1966年，已有120多个国家和地区同中国保持了贸易和文化联系。②

另一方面，文化外交对新中国树立良好的国家形象起到了巨大的推动作用。中国的文化艺术团体出访世界各国，给当地人民带去了优秀的中国文化，展示了一个历史悠久、文化深厚的大国形象；同时，许多的外国友人到访中国后，用自己的切身感受推广中国形象。例如，1952年，法国和平理事会主席法奇和作家、诗人鲁瓦夫妇到访中国时曾深情地说："我对中国人民怀有一种深深信任的感情。"③ 1955年，法国著名哲学家、作家萨特应邀到访中国。在华期间，萨特在《人民日报》发表《我对新中国的观感》一文，"这个

---

① 中华人民共和国外交部，中共中央文献研究室. 周恩来外交文选[M]. 北京：中央文献出版社，1990：474.
② 在第三届全国人民代表大会第一次会议上周恩来总理作政府工作报告[N]. 人民日报，1964-12-31（1）.
③ 沈炼之. 法国通史简编[M]. 北京：人民出版社，1990：674.

伟大的国家正不断地在转变"，对这个"伟大国家，法国人民只能抱有一种情感，那就是：友谊"①。在西方左翼思潮的推动下，中国变成了激昂进步、剧烈变革的"红色圣地"，正如法国著名作家、女性主义者西蒙·波伏娃所说："中国是一个生活在未来的光明中的国家。"中国形象从20世纪50年代初期的极度黑暗的专制国家转变成了世人向往的乌托邦。虽然"红色圣地"形象被"文革"摧毁，但它对中国扩大国际影响，走向世界所起到的作用却是实在而巨大的。

二、改革开放后的中国文化外交

十一届三中全会后，邓小平对中国外交进行了重大调整，并在和平和发展成为时代主题的历史条件下努力通过文化外交，向世界展示一个改革开放的形象与一个和平的形象，其目的是为改革开放服务。在这种大背景下，中国文化外交政策也逐步确立了全方位的文化外交战略。

其一，在冷战的大环境中，中国在许多国际问题上与广大发展中国家有着共同利益诉求，因此，这一时期中国继续加强与发展中国家开展积极的文化交往。中国政府文化代表团自1979年起访问了众多的发展中国家。在20世纪80年代，中国与发展中国家签订的文化合作协定占总数的89%，与发展中国家签订的年度文化交流执行计划占总数的67%。② 这体现了中国仍十分重视同发展中国家的文化交流。

---

① ［法］让·保罗·萨特. 我对新中国的观感［N］. 人民日报，1955-11-02（3）.
② 中华人民共和国文化部对外文化联络局. 中国对外文化交流概览：1949-1991［M］. 北京：光明日报出版社，1993：71.

其二，积极开展同发达国家的文化外交成为这一时期文化外交的另一个侧重点，借用文化交往打开与西方国家交往的大门，向发达国家取经。

邓小平在1978年初与法国总理雷蒙·巴尔会晤时提出，中法双方要加强经济、科技和文化等方面的合作。[①] 1979年1月31日，邓小平在美国和卡特总统签署了《中华人民共和国和美利坚合众国政府文化协定》，为全面恢复和拓展中美文化关系揭开了新的一页。1979年8月28日，邓小平和美国副总统蒙代尔在北京签署了1980年和1981年中美文化交流执行计划，这也是中美文化协定的第一个执行计划。1980年10月10日，邓小平在会见美国政府文化代表团时提出文化交往有利于两国人民之间的相互了解与合作。[②]

这一时期，中国已经与世界绝大多数国家和地区保持着文化交流。从1978年到1991年，中国与外国签订了91个政府间的文化合作协定；从1980年到1991年，中国和外国签订的文化交流执行计划达253个；中国每年还派出大量人员和文化代表团出访世界各地。[③] 这种密切的文化往来为发展中国人民与世界各国人民的友好关系做出了积极的贡献，一个开放的中国形象出现在国际舞台。同时，中国与数千个外国的文化组织保持着各种形式的联系，并通过他们努力增进同世界各国的合作，向国际社会展示出了中国以和为贵、爱好和平的新形象。

20世纪80年代，随着中国改革开放的深入发展和中国文化在国

[①] 冷溶. 邓小平年谱（1975-1997）[M]. 北京：中央文献出版社，2004：256.
[②] 冷溶. 邓小平年谱（1975-1997）[M]. 北京：中央文献出版社，2004：680.
[③] 中华人民共和国文化部对外文化联络局. 中国对外文化交流概览：1949-1991 [M]. 北京：光明日报出版社，1993：78.

际舞台上的精彩亮相，世界逐步了解中国，中国在国际上的形象也改善了很多。一项调查发现，1980年，只有不到两成的美国人视中国为威胁。[①] 但进入90年代之后，中国的国家形象再次被西方国家妖魔化，一落千丈。这主要是因为冷战结束，成为唯一超级大国的美国开始寻找新的竞争对手。随着中国经济发展和国际影响力增强，中国又是现存最大的社会主义国家，就这样，中国被认为是美国的挑战者、战略竞争对手和潜在的敌人，西方社会不断推出各种政策来遏制中国的发展，"人权"提案、"中国威胁论""中国崩溃论"等一时甚嚣尘上。

此外，美国等西方国家媒体长期对华的负面宣传，使得外国民众对中国的了解难以深入，甚至产生误解和敌视，严重影响了中国形象。美籍华裔学者刘康就认为，美国媒体主导了当代的中国形象，并将其"妖魔化"[②]。1989年至1999年，美国大量报道了中国的负面新闻，结果，有六成的美国民众将中国视为严重威胁。[③]《妖魔化中国的背后》一书详细指出了美国媒体和网络中那些高频率出现的对华负面词汇和报道。[④] 中国学者潘志高选取《纽约时报》从1993到1998年间的全部对华报道进行量化分析后发现，美国媒体对华报道中，负面报道占55.34%，中性报道占44.17%，正面报道仅为0.1%。[⑤]《纽约时报》虽然也对中国的经济发展进行报道，但在报道中国政治、人权、台湾问题、西藏问题等方面时总是把这些问题

[①] 李希光，赵心树. 媒体的力量［M］. 广州：南方日报出版社，2002：240.
[②] 李希光，孙静惟. 全球新传播［M］. 广州：南方日报出版社，2002：249.
[③] 李希光，孙静惟. 全球新传播［M］. 广州：南方日报出版社，2002：240.
[④] 李希光. 妖魔化中国的背后［M］. 北京：中国社会科学出版社，1996：2.
[⑤] 潘志高.《纽约时报》上的中国形象：政治、历史及文化成因［M］. 开封：河南大学出版社，2003：170-171.

简单化处理，甚至歪曲事实。

三、21世纪的中国文化外交

进入21世纪后，美国主流媒体延续了对华负面新闻的报道。有人曾对《纽约时报》《华盛顿邮报》《洛杉矶时报》涉华报道进行分析后发现，对华的负面新闻仍远高于正面，这反映出美国主流报纸在报道中国时存在某种共性。①

由于美国媒体具有全球影响力，因此，过多的负面和歪曲报道使得中国形象在国际社会中被人为地歪曲甚至"妖魔化"。同时，其他欧洲国家的报道由于对中国的关注程度不多，加之报道也缺乏客观和全面性，难以给读者展示一个真实的中国。因此，大多数欧洲人对中国国家形象的认知停留于旧时的刻板印象，即中国仍是一个穷苦、愚昧的国家。这种情况对中国的形象构建是非常不利的，"偏见比无知更远离真理，偏见比千山万水更能阻隔相互之间的交往与交流"②。

面对这种严峻的国际形势，中国政府进一步认识到了国家形象的重要性。在国际舞台上，中国积极开展多边外交活动，并结合文化外交来构建一个正面的中国形象成为这一时期的工作重点。1991年，国务院新闻办公室着手负责对外文化交流和"对外宣传"事务。自此，国务院新闻办成为中国文化外交的领导机构。1999年2月26日，江泽民在全国对外宣传工作会议上提出要"树立我国的良好形

---

① 张巨岩. 权力的声音：美国的媒体和战争[M]. 北京：生活·读书·新知三联书店，2004：380-381.
② 江泽民. 共同构筑面向新世纪的中美关系[N]. 人民日报，2000-09-09（1）.

象，维护国家利益"，① 并明确了对外宣传工作的地位和重要作用。在国务院新闻办的统领下，中国开展了多场旨在让世界尤其是发达国家了解中国的大型文化外交活动

首先，"99 巴黎·中国文化周"开启了一扇让世界了解当代中国的窗口。

1999 年 9 月 1 日，由中国国务院新闻办公室和联合国教科文组织联合举办的"99 巴黎·中国文化周"在巴黎隆重开幕。这是 1949 年以来中国在欧洲举办的规模最大的文化交流活动。中国文化周以"走向 21 世纪的中国"为主题，活动内容十分丰富，向国际社会集中展示了中国传统文化与当代成就，让法国、欧洲乃至世界公众从文化这一视角了解中国的历史与现实、科学与进步、改革与发展。《欧洲时报》在一篇社论中指出，文化周向法兰西人民展示的是："迈向 21 世纪的中国人民自信的笑容和坚定的脚步""作为一个东方大国的中国已经崛起，她的成就，她的强盛，是世人有目共睹的。她给予人们印象更多的是希望和信心"②。此次中国文化周不仅拉近了中国文化与欧洲民众的距离，也为中国以后举办类似的文化外交活动积累了宝贵的经验。

其次，"中华文化美国行"让美国近距离看中国。

冷战结束后，中美政治关系时有起伏，尤其是美国主流媒体对中国的报道多以负面消息为主，甚至背离事实报道，这造成了美国公众对中国的历史文化了解太少，对中国的现实状况存在着误解，

---

① 江泽民. 全国对外宣传工作会议上的讲话 [N]. 人民日报，1999-02-27（1）.
② 沈孝泉. 中国与世界的一次握手——"99 巴黎·中国文化周"采访随笔 [J]. 瞭望，1999（38）.

甚至敌视。2000年8月至9月，中国在美国多个城市举办了"2000中华文化美国行"系列活动，活动的主题是"走近中国"，目的就是要让美国公众亲眼看见中国文化与中国艺术。"中华文化美国行"通过展览、文艺演出、主题讲演三部分的大型文化活动向美国社会和民众展示了历史悠久的中国文化和发展进步的当代中国形象。此次活动历时25天，约10万人次观看了展览或文艺演出。① 中国通过这次文化活动"把一个小的'中国'搬到美国去让美国人看看"②，让美国社会近距离地了解了中国历史和中国现状，使众多对中国文化缺乏了解的美国人耳目一新。美国媒体和三大西方通讯社都对这次活动给予积极正面的关注。赵启正认为，通过此次"中华文化美国行"，美国社会和民众了解中国的意愿非常强烈。③

总之，世纪之交，中国以"走出去"的积极姿态，通过举办形式多样的文化节和开展各种文化合作，充分有力地回击了西方国家对中国的一些反面宣传，向世界展示了改革开放的中国形象。

进入21世纪后，随着国际形势的变化以及改革开放的不断深入，中国政府更加重视文化外交在国家对外战略中的重要性与维护国家形象的重要意义。2003年12月，胡锦涛在全国宣传思想工作会议上强调，要及时准确地宣传我国对国际事务的主张，着力维护国家利益和形象。④ 在党的十七大报告中，胡锦涛更是明确提出要

---

① 施晓慧. 规模空前的交流（中华文化美国行）[N]. 人民日报，2000-09-19（6）.
② 外文局对外传播研究中心. 向世界说明中国——赵启正演讲谈话录[M]. 北京：新世界出版社，2005：210.
③ 施晓慧. 规模空前的交流（中华文化美国行）[N]. 人民日报，2000-09-19（6）.
④ 魏武. 别有鲜花满庭香——十六大以来我国对外宣传和对外文化交流工作综述[N]. 人民日报，2008-01-22（1）.

"提高国家文化软实力"和"增强中华文化国际影响力"①，这不仅标志着软实力概念首次进入中国的官方话语体系，也说明对外文化交流越来越受到国家与政府的高度重视，对外文化交流的范围、领域和渠道也在不断拓宽，全方位、多层次、宽领域的文化"走出去"格局逐步形成。

首先，开设孔子学院，提升中国的软实力。随着中国综合国力的不断增强和国际影响力的不断提升，汉语逐步成为世界各国民众学习的一大热门语种。为推动中国文化走向世界，从2004年开始，中国在借鉴西方发达国家经验的基础上，在海外设立孔子学院，教授汉语和传播中国文化。截至2019年年底，中国在全球162个国家和地区设立了550所孔子学院和1172个孔子课堂。② 孔子学院的宗旨是增进中外了解，发展国家间的关系，促进多元文化的发展。经过多年的快速发展，孔子学院办学模式逐渐成熟与完善。孔子学院和孔子课堂不仅成为各国人民学习汉语和中华文化的平台，也搭建起了中外友谊互动的沟通桥梁。

其次，设立海外中国文化中心，助推中国文化走出去。在海外设立文化中心始于20世纪80年代，是中国政府派驻境外的官方文化机构。与孔子学院的火热不同，在较长的一段时期内，海外文化

---

① 胡锦涛. 高举中国特色社会主义伟大旗帜，为夺取全面建设小康社会新胜利而奋斗——在中国共产党第十七次全国代表大会上的报告 [R]. 北京：人民出版社，2007：33，36.

② 中国国际中文教育基金会网站. 孔子学院全球网络 [EB/OL]. (2021-11-02) [2021-11-22]. https://www.cief.org.cn/qq. 其中，亚洲：37国（地区）137所孔子学院，24国115个孔子课堂；非洲：45国62所孔子学院，20国48个孔子课堂；欧洲：41国（地区）187所孔子学院，31国（地区）348个孔子课堂；北美洲：12国113所孔子学院，8国541个孔子课堂；南美洲：12国31所孔子学院，5国19个孔子课堂；大洋洲：5国孔子学院20所，5国101个孔子课堂。

中心只有非洲的毛里求斯和贝宁两个，且收效甚微。然而，自2002年后，海外文化中心的发展逐渐加快，截至2020年末，中国已在全球设有45家海外中国文化中心，① 文化中心在所在国主要举办包括文化活动、教学培训、思想交流、信息服务等四类活动。② 经过多年发展，海外中国文化中心已经逐渐成为中国向世界弘扬自身文化的重要阵地，在传播中国文化、增进中外文化交流等方面起到了重要作用。其中，很多具有鲜明的中国传统文化特色的培训项目在各地广受欢迎，而一些旨在呈现当下中国发展情况的讲座、演出、展览等文艺活动则让更多的外国民众了解中国日新月异的进步。中国文化中心在海外不仅代表着中国文化，也代表中国参与世界范围内的文化讨论以及中国话语的构建与宣传，以正面积极的作为树立中国的形象。

第三，积极参与多边文化交流活动，全方位展示中国文化。进入新世纪后，中国更加积极举办各种文化周、文化月、文化年、文化节等活动，积极参与世界文化交流活动，推动中国文化走向世界舞台的中心。例如，2009年10月8日至2010年2月4日，中国文化部与比利时欧罗巴利亚国际协会共同主办了"欧罗巴利亚中国艺术节"，这是继中法文化年之后，中国在欧洲举办的最大规模的文化活动。文化节围绕"古老的中国、当代的中国、多彩的中国、中国与世界"四大主题，通过展览、演艺、文学、电影等形式，全面展

---

① 中国文化和旅游部政府门户网站. 中华人民共和国文化和旅游部2020年文化和旅游发展统计公报［EB/OL］.（2021-11-02）［2021-11-22］. http：//zwgk. mct. gov. cn/zfxxgkml/tjxx/202107/t20210705_926206.html.

② 中国文化中心网站. 中国文化中心介绍［EB/OL］.（2019-07-02）［2020-02-07］. http：//www.cccweb.org/portal/pubinfo/001002011/20150210/0c793f933c364d4c90f8fffb54771d00.html.

现了中国古老悠久的文化传统和生机勃勃的当代艺术，期间吸引了150万左右的欧洲观众，比利时等国主流媒体均以不同语言对艺术节活动做了大量报道。① 艺术节不仅在中比两国文化交流史上留下了光辉的一页，也有力地推动了中欧不同文明的对话与交流。此外，2007年长春亚冬会、2008年北京奥运会、2010年广州亚运会、2010年上海世博会、2022年冬奥会等国际体育赛事和文化盛会的成功举办，都充分体现了中国文化的独特魅力，展现了中国开放、包容、进取的国家形象。

总之，进入21世纪后，中国文化软实力随着自身综合实力的增长也得以大大增强，同时，中国继续主张"和为贵""和而不同"的外交思想、坚持独立自主的和平外交政策，力图向世界表明中国谋和平、求合作、促发展的坚定立场，借此消除因中国经济崛起而产生的"中国威胁论"，尤其是希望借此在推动"一带一路"倡议中赢得世界的理解和认同，构建良好的中国形象。

第三节　中国文化外交：挑战与应对

近年来，中国已经越来越重视文化外交的开展以推进国家形象的构建，并采取了一些有效的措施。但与新时代的国际战略需要来看，这方面的工作还有待进一步加强。中国必须充分认识这一问题

---

① 中华人民共和国驻比利时王国大使馆网站. 驻比利时大使张援远出席欧罗巴利亚中国艺术节闭幕式［EB/OL］.（2018-04-02）［2019-05-22］. https：//www.mfa.gov.cn/ce/cebel/chn/zt/europalia/t659128.

的重要性和紧迫性,通过制定宏观的文化外交战略来指导相关工作的开展,把中国良好的国家形象展示给全世界。总的来说,构建文化外交新战略需要从思想层面和操作层面同时下功夫。具体来说,在思想层面,中国首先需要有一个价值核心,笔者认为可以用"构建人类命运共同体"作为当前文化外交战略的指导思想;其次,必须要有一个明确定位,这既是对国家形象的定位,也是对构建文化外交战略的定位,因为只有明确了形象的内部定位与外部认知存在差距的时候,中国才能更好地、更全面地来制定解决办法,即一个行之有效的文化外交战略,来缩小两者的差距。在操作层面,我们必须要完善机构、机制,采取更多的措施来将这个重大战略运用到实践当中,让它发挥最大的作用,这样才能对国家形象的构建起到实际促进,而不仅仅是纸上谈兵。

一、中国文化外交遭遇艰巨挑战

当前,中国文化外交正在努力以"一带一路"建设为平台,努力与沿线国家一道共同构建文化交融的命运共同体。近年来,"一带一路"文化交流机制不断完善,周边文化外交成为亮点。2019年4月,中国在北京主办第二届"一带一路"国际合作高峰论坛,期间达成的成果清单中就包含了近十项文旅领域的双边和多边合作成果。[1]

但是,中国文化在"走出去"的过程中,也面对很多困难与挑战。例如,以美国为首的西方国家就对孔子学院的担忧很深,他们

---

[1] 杨悦. 新中国文化外交70年——传承与创新[J]. 国际论坛,2020(1).

害怕中国政府利用孔子学院进行共产主义意识形态宣传。当然，文化上的偏见也不可忽视，如有人担心孔子学院会成为中国"文化扩张"的工具。① 此种敌视和偏见伴随中美关系的紧张不断加剧。2020年6月，美国将中国中央电视台、中新社、《人民日报》《环球时报》4家中国媒体在美机构列管为"外国使团"。2020年8月，美国国务卿蓬佩奥宣布，要求孔子学院美国中心登记为"外国使团"。美国对中国文化外交的抹黑是美国对中国媒体赤裸裸的政治打压。在美国对中国文化外交带头打压下，美国的一些西方盟友也加大了对中国文化外交的打压。西方国家在宣传上将孔子学院与"中国威胁论"联系在一起，这必然影响到"一带一路"沿线国家受众，使得这些国家的民众在面对孔子学院等中国文化时产生担忧和恐惧。因此，中国文化外交如何走出去，走进"一带一路"，是非常值得思考的问题。

二、中国文化外交新战略的思想认知

构建当前的文化外交战略之前，必须要有一个思想上的正确认知，一是要有指导思想，二是要有正确的自身定位，目的都是推动国家形象构建，促进"一带一路"走深走实。

（一）"构建人类命运共同体"的指导思想

2012年11月，中共十八大报告中首次明确提出"要倡导人类

---

① 李开盛，戴长征. 孔子学院在美国的舆论环境评估 [J]. 世界经济与政治，2011(7).

命运共同体意识"。① 党的十八大以来，习近平在多种场合强调"构建人类命运共同体"，并积极推动构建人类命运共同体的合作实践，并取得了世人瞩目的巨大成效。中共十九大报告"人类命运共同体"外交理念的提出也标志着中国全球战略的进一步完善，有利于世界各国建立和加强互通互联的伙伴关系，引导全球治理体系的有效变革，反对霸权主义、强权政治，促进世界和平与发展，实现全球共同发展繁荣。② 努力推动"构建人类命运共同体"，已成为当前中国外交的基本战略。中国在构建当前的文化外交战略时也必须在这一外交理念的引领下采取进一步"引进来"和"走出去"相结合的对外开放战略。

其一，"引进来"的战略。习近平在党的十九大上指出，近年来中国的"国家文化软实力和中华文化影响力大幅提升"，我们要"不忘本来、吸收外来、面向未来，更好构筑中国精神、中国价值、中国力量"③。吸收外国优秀文化不仅是社会主义现代化建设的需要，也是我们建设先进文化的需要。我们必须进一步向世界开放，吸取人类文明的优秀成果。但是，中国在吸收外来文化的同时要推动"文化创造性转化、创新性发展"，要坚持"以我为主、兼收并蓄"④ 的原则。当前世界各国都推出了各自的文化创新战略。例如，

---

① 胡锦涛. 坚定不移沿着中国特色社会主义道路前进 为全面建成小康社会而奋斗——在中国共产党第十八次全国代表大会上的报告［R］. 北京：人民出版社，2012：47.
② 谢新水，李有增. 深刻理解构建人类命运共同体思想的重要内涵［N］. 光明日报，2019-10-23（6）.
③ 习近平. 决胜全面建成小康社会 夺取新时代中国特色社会主义伟大胜利——在中国共产党第十九次全国代表大会上的报告［R］. 北京：人民出版社，2017：5，23.
④ 习近平. 决胜全面建成小康社会 夺取新时代中国特色社会主义伟大胜利——在中国共产党第十九次全国代表大会上的报告［R］. 北京：人民出版社，2017：5，23.

英国早在1997年就提出了发展创意产业，成为世界上第一个政策性推动创意产业发展的国家，其目的即要改变在世人心目中老朽没落帝国的旧形象，重塑其在发达世界的核心竞争力和时代强者的新形象。英国借助创意产业在经济上成功地实现了产业结构的优化和升级，创意产业的发展更带动整个国民经济的增长。如今，创意产业为英国经济作出了创纪录的贡献，产值超过1000亿英镑，并保持持续、蓬勃发展态势，其增长速度已超越英国整体经济增长速度。[1]

其二，"走出去"的战略。中国在开展对外交流时要注重尊重世界各国的文化多样性，坚持"和而不同"的外交理念。《周易》暌卦指出："君子以同而异"，即君子既要秉持求同存异的处世方针，更要具备善于存异的"和同"胸襟和雅量，因为只有"和"其不同，才能"大同"。[2] 这一传统文化深刻地影响了中国外交，例如，习近平提出"要尊重世界文明多样性，以文明交流超越文明隔阂、文明互鉴超越文明冲突、文明共存超越文明优越"[3]。这也成为当前我们制定文化外交战略的一个基本原则。当前，中国经济高速发展，综合国力大大提升，我们在"走出去"的时候一定要尊重各国的多样性。只有这样才能与他国和谐相处，共同构建"人类命运共同体"。

（二）当前中国国家形象的定位

中国长期以来在国际上的形象之所以会相对敏感与脆弱，不仅是受到国内外各种因素的影响，更是由于缺乏较为明确的自身形象

---

[1] 宋佳烜. 英国创意产业产值突破千亿英镑 [N]. 中国文化报，2018-12-17（4）.
[2] 姬昌. 周易 [M]. 杨天才，张善文，译注. 北京：中华书局，2011：340.
[3] 习近平. 决胜全面建成小康社会 夺取新时代中国特色社会主义伟大胜利——在中国共产党第十九次全国代表大会上的报告 [R]. 北京：人民出版社，2017：59.

定位。一般认为，在构建文化外交战略时，一定要有一个正确的形象定位，因为自我定位的过高或过低都不利于文化外交工作的开展。同时，正确的自身定位又能让我们认清"他形象"与"我形象"之间的差距，便于我们对症下药。

乔舒亚·库珀·雷默在《淡色中国》的文章中指出："中国的自我认识与其他国家对中国的普遍认识之间存在巨大的差异。"文章通过大量的实证材料和数据统计证明了这种差异的存在。例如，中国人对"值得信赖"这一项的评分接近100，然而外国人对此项的评分却接近0。这意味着中国的受访者认为中国的品牌比其他任何品牌都更"值得信赖"，而其他国家的受访者则认为中国的品牌比不上他们国家的任何品牌。在形象健康、品质优秀以及高素质等词语上，中国人自己的评分都很高，而外国人的观点却截然相反，评分都很低。① 从雷默的调查分析中可以看出，在中国经济迅速发展的今天，我们在构建国家形象的时候更应该要清醒意识到正确定位的重要性，否则差距的加大会加深中国与外界的误解，不利于国家形象的塑造。

2014年，习近平提出要"重点展示中国的大国形象"②。这反映出中国决策层已经逐步意识到构建中国正面形象的重要性与迫切性，并开始注重国家形象的顶层设计。结合习近平提出的中国形象，具体来看，应明确构建一个文明、发展、民主、和平、包容的中国形象。

其一，中国的文明形象。文化软实力作为国家战略的重要组成

---

① ［美］乔舒亚·库珀·雷默. 中国形象：外国学者眼里的中国［M］. 北京：社会科学文献出版社，2006：22-24.
② 习近平. 建设社会主义文化强国　着力提高国家文化软实力［N］. 人民日报，2014-01-01（1）.

部分，其重要意义已不言而喻，而国家形象的构建也是一种以文化形象为内容的信息传播过程。中国有着几千年灿烂的文明史，中华传统文化在世界文明史上具有突出地位。因此，中国当前应统筹全局，实现各种文化兼容并蓄的发展。具体来说，一方面，中国应继续向世界展示一个历史悠久、光辉灿烂的文明古国形象，让世界各国人民领略中国文化的永恒魅力。优秀传统文化是中华民族独特的精神标识与精神命脉，是中国文化软实力的重要组成，也是中华文化屹立于世界文化之林的坚实根基。习近平强调"中华民族创造了源远流长的中华文化，也一定能够创造出中华文化新的辉煌"[1]，要"让中华文化展现出永久魅力和时代风采"[2]。另一方面，由于中国文化产业起步晚，缺乏足够强大的反映当代中国现实的主流文化并对外传播，使一些外国人对中国的印象仍停留在贫穷、落后、愚昧的形象上，加之某些西方媒体的恶意丑化，使得当代中国形象被严重歪曲。例如，一直以来，欧美游戏中的中国元素经常充满了谬误，对中国文化的印象停留在贫穷、愚昧、落后的时代，设计人物常梳着小辫穿着长袍。[3] 由此造成的一个后果就是容易让很多外国年轻人对中国产生误解。因此，中国要与时俱进地向世界展示中国当代的优秀文化成果、传播当代中国价值观念[4]，纠正被严重歪曲的中国形象，塑造当代中国的文化强国形象。

---

[1] 中共中央宣传部. 习近平总书记系列重要讲话读本 [M]. 北京：学习出版社、人民出版社，2016：208.
[2] 习近平. 决胜全面建成小康社会 夺取新时代中国特色社会主义伟大胜利——在中国共产党第十九次全国代表大会上的报告 [R]. 北京：人民出版社，2017：42.
[3] 张焱. 有中国传统文化元素的游戏该登场了 [N]. 光明日报，2017-10-17（2）.
[4] 中共中央宣传部. 习近平总书记系列重要讲话读本 [M]. 北京：学习出版社、人民出版社，2016：86.

其二，中国的发展形象。经济发展是国家利益的重要组成部分，中国总体发展战略目标的实现离不开经济持续健康高速增长，同时，实现国内经济社会发展也是国际社会对中国形象评价的一个重要指标。根据国家统计局的数据，2020年，在新冠肺炎疫情的冲击下，中国人民经过艰苦努力，率先实现复工复产，全年国内生产总值增长2.3%，达到1015986.2亿元。① 中国已经成为世界经济发展的引擎和基石。在此情况下，一方面，中国应更努力消除他国对中国经济高速发展的误解和疑虑，例如，随着经济的增长，中国的能源消费以惊人的速度攀升，国际社会也对此多有指责。因此，中国要在积极转变增长方式和消费方式的同时，主动向世界说明自己的发展情况，化解他国对中国经济发展、资源需求的担忧。随着中国能源科技创新能力不断提升，中国在2018年单位GDP能耗比1953年降低了43.1%，年均下降0.9%。② 另一方面，中国应致力于构建"互利共赢""全球发展的贡献者"的国家形象，推动国际社会的共同进步。例如，一大批代表中国先进技术的企业正在努力树立自身的国际品牌形象。截至2020年底，我国高速铁路运营里程达3.79万公里，稳居世界第一。③ 李克强曾表示："我每次出访都推销中国装备，推销中国高铁时心里特别有底气。"④ 而华为致力于构建万物互

---

① 中华人民共和国国家统计局网站. 中国2020年国内生产总值 [EB/OL]. （2021-11-02）[2021-11-22]. https：//data.stats.gov.cn/easyquery.htm? cn = C01&zb = A0201&sj = 2020.
② 冉永平. 能源建设释放"中国动力" [N]. 人民日报，2019-09-22 (5).
③ 国家铁路局网站. 高铁里程 五年倍增 [EB/OL]. （2021-11-05）[2021-11-22]. http：//www.nra.gov.cn/xwzx/tpsp/tpxw/202101/t20210125_125255.shtml.
④ 推销中国高铁我特别有底气 [N]. 长江日报，2014-08-25 (5).

联的智能世界，其业务已遍及170多个国家与地区①，产品也逐渐被海外公众所接受与喜爱。

其三，中国的民主形象。构建"民主、负责"的国家形象，是中国国家形象建构的基本目标。一方面，软实力是国家综合国力的重要体现，而政治民主则是一国软实力与形象塑造的重要组成部分。长期以来，中国被西方国家塑造成为一个专制、落后、腐败，且狭隘的民族主义大国。为了扭转这一偏见，中国必须苦练"内功"，即努力发展提升政治文明、净化政治生态等，从内部着手逐步优化中国形象，并赢得世界的认同与支持。近年来，中国政府"坚持反腐败无禁区、全覆盖、零容忍"②，坚持重遏制、强高压、长震慑，坚决查处各类腐败问题，"老虎""苍蝇"一起打，以重典治乱的决心和壮士断腕的勇气与腐败作斗争，一批腐败分子纷纷落马，反腐败斗争压倒性态势已经形成并巩固发展。③ 这种前所未有的反腐力度，营造着风清气正的政治生态，也为中国在世界上赢得了更多的掌声与信心。事实上，中国的政治民主建设已经取得了长足的进步。改革开放以来，中国共产党不断推动全面深化改革向广度和深度进军，中国特色社会主义制度更加成熟。在政治建设上，积极发展全过程人民民主，我国社会主义民主政治制度化、规范化、程序化全面推进，中国特色社会主义政治制度优越性得到更好发挥，生动活泼、

---

① 任正非. 为祖国百年科技振兴而努力奋斗[N]. 科技日报，2016-08-02（1）.
② 习近平. 决胜全面建成小康社会　夺取新时代中国特色社会主义伟大胜利——在中国共产党第十九次全国代表大会上的报告[R]. 北京：人民出版社，2017：8.
③ 求是网. 中国共产党第十九届中央委员会第六次全体会议公报[EB/OL].（2021-11-16）[2021-11-22]. http：//www.qstheory.cn/dukan/qs/2021-11/16/c_1128064152.htm.

安定团结的政治局面得到巩固和发展。另一方面，中国应继续坚持国际关系的民主化，承担自己的国际义务，进一步树立负责任的大国形象。当今世界，虽然少数西方国家奉行单边主义和霸权主义，但国际关系民主化已成为当前不可阻挡的时代潮流。中国应顺应国际关系民主化的发展潮流，建立共商共建共享的全球治理体系并贡献中国主张和中国方案，这既是中国以"和平、发展、合作"的姿态融入国际主流体系的必然要求，也是构建人类命运共同体的内在要求；构建人类命运共同体，必须建立公正合理的国际秩序，推进国际关系民主化。习近平在联合国日内瓦总部发表演讲指出："世界命运应该由各国共同掌握，国际规则应该由各国共同书写，全球事务应该由各国共同治理，发展成果应该由各国共同分享。"[1]

其四，中国的和平形象。历史经验证明，爱好和平的国家在国际社会中能赢得接受，而好战的国家则会遭人厌恶。当前，对于某些国家来说，中国的崛起与发展代表了权力转移。如前文所述的"修昔底德陷阱"，新兴大国的迅速崛起将注定会改变现有国际格局，注定要遇到遏制崛起的各种力量，在相当长历史时期内崛起和遏制崛起将会成为国际社会的主要矛盾。因此，中国在快速崛起过程中急需塑造的形象就是一个爱好和平的中国形象，这也是建设优质形象的基础。实际上，中华民族自古以来就是爱好和平的民族，早在两千多年前的春秋时代，孔子就提出了"一日克己复礼，天下归仁焉""己所不欲，勿施于人"[2]，强调国家间关系的处理上应该宽厚

---

[1] 世界命运应该由各国共同掌握[N].人民日报，2017-01-20（2）.
[2] 论语 大学 中庸[M].陈晓芬，徐儒宗，译注.北京：中华书局，2011：138，139.

待人，不要把自己所不喜欢的，强行推给他国，国与国的关系应该平等相处。习近平在党的十九大报告中向世界承诺，中国要"始终做世界和平的建设者、全球发展的贡献者、国际秩序的维护者"①。中国是维护世界和平的一支重要力量，一直依据国际法原则履行自身的国际义务。中国是联合国维和行动的积极参与者和重要贡献者，是安理会成员中第二大出兵国。② 2016 年，中国缴纳了联合国维和摊款 8.44 亿美元，占摊款总额的 10.2%，居联合国成员国第二位。③联合国前秘书长潘基文曾对中国维和人员由衷地赞叹："他们让我们这个世界变得和平、安全和自由。"④ 根据联大通过的决议，2019—2021 年，中国承担的联合国会费和维和摊款均大幅增长，承担 12% 会费与 15.2% 维和摊款。这些都有力地表明中国在努力地向世界展示爱好和平的形象。

其五，中国的包容形象。当前，作为"一带一路"倡议的推动者，中国正在以务实、包容的态度与各国一道共同推进世界的发展。自 2013 年提出以来，至 2021 年 1 月，中国已经与 171 个国家、31 个国际组织签署了 205 份共建"一带一路"方面的合作文件。⑤ 共建"一带一路"倡议及其核心理念也已被纳入联合国等重要国际机

---

① 习近平. 决胜全面建成小康社会　夺取新时代中国特色社会主义伟大胜利——在中国共产党第十九次全国代表大会上的报告 [R]. 人民出版社，2017：25.
② 中华人民共和国常驻联合国代表团网站. 常驻联合国代表马朝旭大使在联合国维和行动问题安理会公开会上的发言 [EB/OL]. （2018-04-06）[2019-10-20]. http://www.fmprc.gov.cn/ce/ceun/chn/zgylhg/jjalh/alhzh/whxd/t1546345.htm.
③ 新华社. 中国军队为联合国维和任务作出突出贡献 [EB/OL]. （2017-03-06）[2019-03-09]. http://news.xinhuanet.com/mil/2016-07/20/c_129163786.htm.
④ 王新萍. 为和平而生，为和平而存 [N]. 人民日报，2016-10-05 (5).
⑤ 一带一路网. 我国已签署共建"一带一路"合作文件 205 份 [EB/OL]. （2021-01-30）[2021-02-01]. http://www.zgydyl.org/Home/News/view/id/20803.

制成果文件之中，这不仅彰显了"中国理念"和"中国方案"对全球治理的重要贡献，也表明"一带一路"倡议的国际影响力正在不断显现，"一带一路"符合各国实现联动和共同发展的普遍愿望。共建"一带一路"顺应时代潮流和发展方向，国际认同日益增强，影响力持续扩大。一些沿线国家积极与"一带一路"进行相关战略对接，比如，欧盟"容克计划"、俄罗斯"欧亚经济联盟"等。2020年，中国对"一带一路"沿线国家进出口总额达93696亿元，其中，出口54263亿元，进口39433亿元。① 近年来，中国的主场外交日益活跃，成为中国外交总体布局中的重要组成和中国加强对外战略能力的重要平台。中国已成功举办了博鳌亚洲论坛、亚信峰会、亚太经合组织北京峰会、二十国集团杭州峰会、厦门金砖峰会、"一带一路"国际合作高峰论坛等多场主场外交。在这些主场外交场合中，中国逐步展现出越来越多的包容与自信。主办主场外交不仅能减少国际社会对中国的偏见与误解，促进世界对中国的了解，也能通过展示中国文化、艺术、饮食等软实力来获得国际社会的青睐。例如，2014年APEC会议期间，一些配合主场外交所举行的文艺汇演与烟火表演，很好地展示了中国文化的魅力与国家形象。

简而言之，一个文明、发展、民主、和平、包容的中国形象已成为当前构建中国国家形象的重要定位和内容。

---

① 中华人民共和国国家统计局网站. 中华人民共和国2020年国民经济和社会发展统计公报［R/OL］.（2021-11-08）［2021-11-22］. http：//www.stats.gov.cn/tjsj/zxfb/202102/t20210227_1814154.html.

三、以中国文化外交新战略推动"一带一路"倡议的国际传播

当前发展文化外交新战略以推动国家形象的构建和"一带一路"倡议的国际传播,在其具体操作层面应注重以下几个方面工作的开展。

(一)坚持中国特色社会主义先进文化

文化作为一个历史范畴,是一定社会条件下的产物,不同社会具有不同性质的文化。中国特色社会主义的文化,是综合国力的重要组成部分,也是凝聚和激励全国广大人民群众奋发前进的重要力量。它根植于五千年的中华民族文明史,又是中国特色社会主义实践的具体体现,具有鲜明的时代特征。在中国共产党的十九大报告中,习近平指出:"文化是一个国家、一个民族的灵魂",我们要"建设社会主义文化强国"[1]。坚持社会主义先进文化前进方向,构建有中国特色的社会主义先进文化,最重要的即是坚持改革开放,立足现实,面向世界,处理好外来文化与中国现代文化和传统文化的关系问题。

具体来说,我们首先要坚持"文化自信"。文化自信,不仅来自文化的传承与创新,也来自当今中国特色社会主义的发展,更来自对中国梦的不懈追寻。因此,中国要"发展社会主义先进文化。"[2]其次,要坚持借鉴和吸收世界优秀文化成果。为了建设中国特色社

---

[1] 习近平. 决胜全面建成小康社会 夺取新时代中国特色社会主义伟大胜利——在中国共产党第十九次全国代表大会上的报告 [R]. 北京:人民出版社,2017:41.

[2] 习近平. 决胜全面建成小康社会 夺取新时代中国特色社会主义伟大胜利——在中国共产党第十九次全国代表大会上的报告 [R]. 北京:人民出版社,2017:42.

会主义文化，使具有中国特色的先进文化走向世界，我们必须坚持以马克思主义理论为基础，必须坚持中国共产党的领导，必须坚持以人民群众的历史创造活动为基础，继承发扬优秀传统文化和革命传统文化，同时必须注重借鉴和吸收一切世界优秀文化成果，汲取世界各民族的长处，取彼之长，补己之短，真正做到面向世界，博采众长。最后，要坚持文化改革。改革是社会主义社会的本质要求，也是促进文化事业繁荣昌盛的强大动力，"深化文化体制改革"，"推进国际传播能力建设，讲好中国故事，展现真实、立体、全面的中国"[①]。

（二）建立国家形象领导机制

近年来，中国逐渐将国家形象塑造上升到国家战略层面并加大了投入力度，各种对外文化交流活动在很多国家和地区开展，极大地提升了中国的国际影响力与软实力，但这样的文化交流活动带有一定的客观制约性与时效性。为了能更有效地推广和提升中国形象，并专门应对国家形象所遇到的问题甚至危机，中国可以借鉴国际经验与做法。

例如，成立于2000年的瑞士国家形象委员会是瑞士外交部下属的专门负责对外介绍推广瑞士的政府机构。该委员会通过与瑞士驻外使馆和其他经济文化机构的合作，主要负责向海外介绍瑞士的优势和吸引力，并执行瑞士联邦委员会对外沟通战略。2018年瑞士驻华大使馆在新浪微博上发起"遇见瑞士"主题互动活动，向中国民众展示了一个丰富多样的瑞士形象。当出现影响国家形象的负面事

---

① 习近平. 决胜全面建成小康社会 夺取新时代中国特色社会主义伟大胜利——在中国共产党第十九次全国代表大会上的报告［R］. 北京：人民出版社，2017：44.

件的时候，该委员会也会通过明确的方式及时沟通、道歉、解释原因，并通过各种渠道恢复事实真相，以应对形象危机。韩国早在20世纪六七十年代开始就非常重视国家形象宣传。为了更全面、更高效地推广国家形象，韩国政府在2002年韩日世界杯后成立了由总理直接牵头的国家形象委员会，委员不仅有外交、经济、文化等部门领导，还有来自不同行业的民间委员。2009年年初，韩国成立国家品牌委员会，该委员会是由李明博总统直接领导的总统直属委员会，旨在提高韩国的国家形象和国际地位。①

因此，中国也需要有一个成体系的国家形象推广和提升的领导机构，可以建立类似瑞士和韩国的"国家形象建设小组"，由领导人兼任组长，整合国务院新闻办、外交部、文化和旅游部、教育部等关键部门的资源，对当前的中国国家形象进行总体规划与设计，长期宣传，采取多种措施跟踪调查，并制定应对形象问题和危机的管理预案，及时向国际社会阐释中国的政策方向与发展理念，展示中国负责任的大国担当。当前，为了重点加强"一带一路"倡议的国际传播，可以在"国家行象建设小组"下面专门设立"一带一路"国际传播中心，加强"一带一路"倡议国际传播的领导和监督。

（三）完善文化外交管理体制

中国在成立国家形象推广和提升的领导机构——"国家形象建设小组"的同时应该充分利用文化外交作为平台和载体，采取具体措施来构建当前的国家形象。总体来说，中国需要不断完善文化外交的管理体制。自1949年后，中国文化外交的管理体制和管理机构

---

① 季萌. 韩国国家品牌委员会的启示 [J]. 对外传播，2012 (11).

经常变动和调整。虽然从整体上看，中国的文化外交管理体制在不断的发展和完善，但由于多重原因，对文化外交的管理还是出现了"九龙治水、各自为政"的情况。当前，除国务院新闻办外，外交部、文化和旅游部、教育部、商务部等多个部门和机构都有相应的对外文化交流职能，这也使得国务院新闻办的作用难以完全发挥出来，而且由于部门太多、管理过散，容易造成沟通困难、政令难以下达实施、浪费国家资源等问题。

目前，在众多国家部委中，国务院新闻办是能够较好承担统一领导文化外交、推动国家形象建设的部门。国务院新闻办目前的主要职责就是推动中国媒体向世界说明中国，包括介绍中国的内外方针政策、经济社会发展情况，及中国的历史和中国科技、教育、文化等发展情况。其工作目的是促进中国与世界各国之间的沟通了解与合作互信，通过组织新闻报道，为维护世界的和平稳定和推进人类进步事业发挥积极的建设性的作用。① 因此，我们必须要整合现有文化外交力量，强化统一领导，让国务院新闻办的统领作用充分发挥出来，使各个部门做到及时沟通，相互配合，避免条块分割而导致的对外文化事务的重复操作。而要做到这一点，首先要明确国务院新闻办在整个国家部委机关中的地位。具体来说，就是要把国务院新闻办打造成一个具有高度自主权的部门。国务院新闻办应直接向国务院和"国家形象建设小组"负责，参与国家对外决策的咨询、制定和实施，这样能较好避免文化外交管理和国家形象建设中出现各自为政的问题；也可以直接与各部委、半官方部门或非官方

---

① 中华人民共和国国务院新闻办公室网站. 本办介绍 [EB/OL]. （2019-02-20）[2019-05-09]. http://www.scio.gov.cn/xwbjs/index.htm.

机构沟通协调，确保政策能即时地上行下达，保证各个执行单位能各尽其责，提高效率。

（四）制定相关法律法规

一方面，应该完善相关的法律机制，将文化外交管理纳入法制化管理的轨道。发达国家就通过制定法律法规，较好避免了文化外交工作中的问题。例如，作为传统的文化大国，长期以来，法国政府历来都非常注重文化外交的作用，并将其纳入国家总体外交战略当中，而且法国人为自己的文化和语言感到自豪，并一直努力保护它们不受英美习俗的"入侵"。1994年出台的《法语使用法》（简称"杜蓬法"）规定，政府官方文件、工作场所、公办学校和商业广告文本必须使用法语，违反者不仅会受到罚款处罚，情节严重的甚至会面临牢狱之灾。2019年，在杜蓬法颁布25年之际，法国马克龙政府希望该法案能适应"数字时代"，在未来继续保护和推广法语文化。美国文化外交成功的一大秘诀也是其文化外交项目得到了政府的大力支持以及法律的保护。《富布赖特法案》《史密斯—蒙特法案》《富布赖特—海斯法案》《和平队法案》《国际教育法》等一系列法案成为美国在和平年代开展文化外交的法理依据，使美国的各种对外文化交流项目得以顺利实施。对于中国而言，无论从开展文化外交工作的需要还是从国内文化建设的角度，通过法律途径促进文化发展是必要而可行的。

另一方面，政府应逐步完善应对国家形象危机的法律法规，确保在发生突发事件时，可以根据法律法规迅速应对与处理，例如，早在2006年，中央文明委就提出组织实施"提升中国公民旅游文明素质行动计划"，并发布《中国公民出境旅游文明行为指南》，旨在提升公民整体文明素质与树立良好对外形象。但至今，仍有一些游客在境外的不良行为，让中国形象受损。目前，中国已经施行《游客不文明行为记录管理暂行办法》，虽然社会上对于处罚的力度和效果还存在不同看法，但是将不文明行为"拉黑"本身就表明了一种立场和态度，从舆论上给不文明游客以压力。① 中国政府可以将这些行政规定进一步上升到立法层面，在此基础上设立"个人形象信息库"，将其与个人信用征信体系挂钩。对曾在海外因不文明行为而造成恶劣影响的人员，再次出境时进行重点教育；对在境外违反相关法规的人员依法严厉惩处，实施出境限制，并对其在国内的信用级别进行扣分与降级处理。这将对其个人的求学、就业、贷款、出国等都产生影响，从而起到警示与教育的作用。

（五）提高国民素质

随着国家经济的发展，国民收入的增长，越来越多的国人选择出境旅游。根据文化与旅游部的统计数据，2019 年中国公民出境旅游人数达 15463 万人次。② 中国目前已成为世界第一大出境旅游消费国，对全球旅游收入贡献超过 13%。③ 世界各国都希望吸引更多中国游客，提振本国经济。例如，英国从 2014 年开始，就在酒店、旅游运营商和景点等方面大力普及普通话或广东话信息，使更多的旅游产品适应中国游客的需求。越来越多的中国游客选择走出国门旅

---

① 戴斌. 对不文明游客，"拉黑"是第一步［N］. 环球时报，2015-05-19（15）.
② 中华人民共和国文化和旅游部网站. 中华人民共和国文化和旅游部 2019 年文化和旅游发展统计公报［EB/OL］. （2021-11-08）［2021-11-22］. https：//www.mct.gov.cn/whzx/ggtz/202006/t20200620_872735.htm.
③ 王珂. 中国连续四年成为世界第一大出境旅游消费国［N］. 人民日报，2016-11-13（1）.

游，不仅为世界各地的旅游市场带来了巨大的财富与发展机遇，也同时将中国文化、中国特色、中国风格带出了国门，而且中国大多数的出境游客在海外能够以礼待人、文明旅游，外国公众对于中国游客也大多持积极欢迎的态度。《2018年中国出境游客文明形象年度调查报告》表明有60%的外国受访者接受并欢迎中国游客。①

但与此同时，少数中国游客不懂得自律、不遵守规则、不尊重别国风俗习惯，将不良陋习从国内带到了国外。例如，2013年，中国游客在埃及卢克索神庙具有3000多年历史的浮雕上刻上中文"到此一游"。2014年12月11日，在从泰国曼谷飞往南京的航班上，两名中国游客因提供热水及找零问题与空姐产生冲突，期间男子还站在座位上多次称要炸掉飞机。这些不文明行为造成了相当恶劣的影响。再加上大声喧哗、随地吐痰、乱扔杂物、排队加塞、衣冠不整等，这些行为已严重损害了中国的国民形象，海外一些媒体甚至把这看作是中国游客的"通病"。《中国游客海外形象全球调查》显示，外国人普遍将中国游客的不文明行为首要归因为文明意识差和文化差异，其次才是生活习惯差异。② 对此，中国应对国内公众加强文明意识与国家形象意识的培育。具体而言，应将道德教育与礼仪文明教育融入国民教育体系之中，从幼儿园抓起、从娃娃抓起、从小事抓起，让个人、家庭、学校、社会、国家都长期坚持、重视和联动起来，才能取得长期实效，最终逐步改变中国游客在世界的形象。

---

① 郑海鸥. 让文明出游成为自觉[N]. 人民日报，2019-05-04 (5).
② 王丹. 旅游文明的涵养需要长时间和多途径[N]. 光明日报，2015-12-18 (2).

（六）加强国际交流与合作

中国要坚持以走出去为主，以当代为主，以进入国际主流社会为主，大力实施中华文化走出去战略；要树立全局、长远的观念；要坚持以服务外交全局为指针，大力开展文化外交，扩大对外文化贸易规模，拓宽对外文化交流领域。为此，中国主要应在以下几方面下功夫。

第一，做到在巩固与发展中国家文化关系的同时，增强与发达国家开展文化交流的能力。中国当前在海外主办的"文化周""文化月""文化年"等文化活动具有一定的影响力和规模效应，有助于中国形象走出去。但其不足在于时效短，难以在一个地方产生长期效果；同时，有些活动具有官方背景和政治色彩，使得一些海外民众产生抵触或者排斥心理。为此，中国文化外交应着眼长期效果，针对目标对象国要进行更长时间的考察和更深入的接触，对于不同国家、地区、民族、宗教、文化观念等情况有全面了解，这样才能让我们熟知对方的心理喜好和需求，在进行宣传和交流时可以因地制宜、因人而异、有的放矢地开展长期工作，消除彼此的隔阂，让对方愿意接纳中国文化并认可中国的国家形象。

第二，开展文化外交的形式要丰富多样。中国在做好双边文化工作的同时，还应提高开展多边文化外交的能力。这是因为，一次国际文化活动实际上就做了一大片国家的工作，这将有力地扩大中国在国际文化论坛上的声音。中国要扩大文化代表团的互访和增加对外艺术展览，将带有浓郁中国特色的文化节目、艺术瑰宝和当前的优秀文化成果直接呈现到外国民众面前，让他们有一个直观的感受，激发他们对中国传统文化的热爱，加深对当前中国的了解。中国要抓住2022年北京冬奥会和冬残奥会的契机来全方位地对中国形象进行构建。要加强教育文化交流活动，例如培养外国留学生不仅能推广中文和中国文化，还能由此培养对华友好的国际友人。当前，世界"中文热"和"中国热"的不断升温为中文和中国文化走出去提供了契机，虽然孔子学院遇到了一定的困难，但仍要将其与向海外派遣汉语教学志愿者、设立国外文化中心等工作作为中国形象"走出去"的重要内容常抓不懈。

第三，在大力开展文化外交的同时，提高企业与个人的能力。这要求中国做大做强一批具有较强实力和国际竞争力的大型文化企业和企业集团。这既要求国家加大对该领域的资金投入与一定的政策扶植，同时也要求国内的相关企业要有"走出去"的魄力与决心。同时，为了提高对外文化交流队伍的整体素质，国家和高校应该重点培养专业人才。从事文化外交工作的人员必须政治过硬，做到忠于祖国、坚持原则，在任何时候、任何场合都要自觉维护国家形象。同时，与其他职业相比，文化外交工作者的业务水平必须要精益求精，做到擅长口才、精通文史、掌握外语和熟悉规则。只有这样，才能为中国文化产业的发展争取空间，使中国文化在国际文化市场上开辟出一片天地。

第四，充分利用现代的传媒技术，打造拥有国际水平的媒体队伍，将中国形象及时、全面地展现给全世界。正如习近平2018年在全国宣传思想工作会议上指出"展形象，就是要推进国际传播能力建设，讲好中国故事、传播好中国声音"。中国已经是一个媒体大国，但远非一个拥有世界级水平的媒体强国，中国缺少的正是在国际上有较大影响力的顶级媒体。当前，与很多行业相似，媒体也面临着升级换代，更加趋向于数字化和网络化。因此，中国要大力推动媒体发展，将传统媒体与新兴媒体有机结合，利用5G技术，通过数字平台和网络开展文化外交，打破西方国家的国际信息和技术垄断，推进中国媒体在海外本土化发展，为海外不同地区的民众提供符合其需求和喜爱的传媒服务与产品，力求做到中国声音"能走得出去，落得下来，听得进去，爱得起来"，这不仅有助于提升中国的国际话语权，也能为构建中国良好的国家形象带来新的机遇。

　　总之，中国特色社会主义进入了新时代，中国当前的文化外交战略重点在于系统地开展文化外交，积极发展同"一带一路"各国的人文交流，消除分歧、促进了解、巩固友谊，推动"一带一路"倡议的国际传播，在世界上构建一个优质的中国国家形象，以确保"一带一路"的顺利推进。

第二章

主场外交与"一带一路"倡议的国际传播

近年来,随着中国经济实力的不断增强,国家统计局2021年1月18日发布数据,2020年,中国国内生产总值(GDP)首次突破100万亿元大关,以经济实力作为后盾的中国主场外交也日益凸显出其特色与活力,十八大以来,主场外交成为中国重要的发声平台,进一步体现出中国积极参与国际事务的态度,为"一带一路"国际传播提供了越来越多的国际传播平台。

第一节 主场外交与国家形象

中国官方话语体系中首次出现"主场外交"一词是在2013年,中国外交部长王毅当时在接受采访时强调:"精心办好主场外交,进一步增强我国的国际影响力。全力办好2014年由我国主办的亚信峰会和亚太经合组织领导人非正式会议。"① 王毅还在2014年的两会期间提出，当年将要举办上海亚信峰会和亚太经合组织第22次领导人非正式会议，这使得主场外交成为中国当前外交的一大亮点。从此，主场外交渐为学者所关注，并频繁出现在媒体报道当中。2016年12月，王毅在2016年国际形势与中国外交研讨会开幕式上的演讲中提出，中国精心筹备的"一带一路"国际合作高峰论坛将是2017年"中国主场外交的重头戏"。② 2017年底，王毅提出中国"将办好博鳌亚洲论坛、上合组织青岛峰会两大面向周边的主场外交，凝聚守望相助的地区共识，增添区域合作的发展动力"③。李克强总理在2018年的政府工作报告中指出："过去五年，中国特色大国外交全面推进。成功举办多场主场外交活动。"④ 这也是主场外交一词首次出现在中国政府工作报告之中。2018年两会期间，王毅指出2018年中国将分别迎来博鳌亚洲论坛、上合组织峰会、中非合作论坛峰会以及中国进口博览会等四场主场外交活动；在2019年的政府工作报告中，李克强再次对过去一年的主场外交成果做出了总结，"中国成功举办了博鳌亚洲论坛、APEC会议等主场外交活动。"⑤ 由

---

① 章念生，杨讴. 中国特色大国外交成功实践——外交部长王毅谈二〇一三年中国外交［N］. 人民日报，2013-12-19（3）.
② 中华人民共和国外交部网站. 外交部部长王毅在2016年国际形势与中国外交研讨会开幕式上的演讲［EB/OL］.（2021-10-03）［2021-11-11］. https：//www.fmprc.gov.cn/web/zyxw/t1421108.shtml.
③ 中华人民共和国外交部网站. 王毅在2017年国际形势与中国外交研讨会开幕式上的演讲［EB/OL］.（2021-10-03）［2021-11-11］. https：//www.fmprc.gov.cn/web/wjbzhd/t1518042.shtml.
④ 中华人民共和国中央人民政府网站. 2018年政府工作报告［R/OL］.（2021-10-03）［2021-11-11］. http：//www.gov.cn/zhuanti/2018lh/2018zfgzbg/2018zfbgdzs.htm#book7/page1.
⑤ 中华人民共和国中央人民政府网站. 2019年政府工作报告［R/OL］.（2021-10-03）［2021-11-11］. http：//www.gov.cn/guowuyuan/2019zfgzbg.htm.

此看出，主场外交已逐步发展成为一种官方认可与主导的外交形式，近年来，中国所开展的主场外交活动虽在不断增多，但目前仍对"主场外交"一词缺乏明确的官方界定。

其实，在国际舞台上，主场外交由来已久。学界对于主场外交的认知最初聚焦于其空间特点，即主场外交就是东道国主办或主持的外事活动。[①] 但我们在考虑主场外交的空间特征的同时，也需多关注其具体形式与内容。此外，还有人认为主场外交是多边外交的一种，且只有在本国境内举办的由本国主导的多边外交会议，方可被称为主场外交会议。外交部公共咨询委员会委员，前驻瑞典、新西兰大使陈明明认为，中国此前并非不举办"主场外交"，只是较少用这种方法对以我为主的外交活动进行描述。随着我国综合国力的提升，中国主场外交能力越来越成熟，能动性越来越强。[②]

综合各种定义，笔者认为，从广义上来看，主场外交指东道国主办的一切外交和外事活动。从狭义上理解，主场外交则特指由东道国主持并主导的多边外交会议。笔者从"一带一路"国际传播角度研究主场外交与中国国家形象，倾向于从后者界定其内涵。

[①] 蔡鹏鸿."主场外交"与中国的全球话语权［J］.人民论坛·学术前沿，2014（24）.
[②] 桂田田."主场外交"成中国重要发声平台，1年8场成绩如何？［N］.北京青年报，2015-03-28.

第二节 中国主场外交：沿革与动力

作为后发国家和国际体系的后来参与者，主场外交在中国经历了一个从少到多的历史沿革。

一、中国主场外交的发展

随着时代发展，中国与世界关系日益密切融合，中国的主场外交活动逐步开展起来，并呈现出各阶段发展特点。

（一）起步阶段：1949—1992年

新中国成立初期，由于自身国家实力有限，加之国际环境复杂，中国主场外交发展缓慢。因此，中国在这一阶段里举办的主场外交活动有限。1949年11月16日，在北京召开了亚洲澳洲工会代表会议，刘少奇作为世界工联副主席和中华全国总工会名誉主席，参加了这次会议。12月，中国举办了亚洲妇女代表大会，国际民主妇女联合会副主席蔡畅致开幕词，国际民主妇女联合会总书记古久里夫人和中华全国妇女联合会副主席邓颖超分别作报告。这两次大会可谓是新中国的主场外交的开端。1971年，中国虽然恢复了在联合国的合法席位，但在这个时期，美苏两大集团的对抗加剧，加之国内意识形态的影响，中国几乎没有举办正式的主场外交活动。十一届三中全会后，中国进入改革开放时期，但中国在改革前期开展的主场外交也不多。

(二) 发展阶段：1992—2012 年

这一时期，冷战的结束使得国际形势有了重大转变，中国也开始越发重视大国外交的发展。1995 年 9 月，中国在北京举办了涉及 189 个国家和地区的联合国第四次世界妇女大会，这也是中国改革开放以来所举办的最大规模的国际性外交会议。2001 年 2 月，由 29 个成员国共同发起的博鳌亚洲论坛正式宣布成立；6 月，上海五国元首在上海举行会晤，并签署了《上海合作组织成立宣言》；10 月，亚太经合组织第九次领导人非正式会议在上海举行。2004 年，胡锦涛在第十次驻外使节会议提出了中国外交的"四个布局"，即"大国是关键、周边是首要、发展中国家是基础、多边是重要舞台"。在中央的统一部署下，中国的主场外交进一步加速发展。2006 年 6 月，上海合作组织元首理事会第六次会议在上海举行；同年 11 月，中非合作论坛北京峰会召开，中国和 48 个非洲国家的元首、政府首脑或代表以及国际组织代表出席。2008 年 8 月，北京奥运会开幕，80 多国的政要参加；10 月，北京召开 45 国领导人参加的第七届亚欧首脑会议。2010 年，第 41 届世界博览会在上海举行。2012 年上海合作组织元首理事会第十二次会议在北京举行。可以看出，中国在这一阶段的主场外交数量有了明显增多，规模也不断扩大，但在会议主题与议程设置等方面还显不足。

(三) 提升阶段：2013 年至今

2012 年 11 月中国共产党第十八次全国代表大会的召开，标志着中国外交开始进入了新的发展阶段。在此之前，中国官方并没有明确"主场外交"的提法。但从 2013 年至今，中国已成功举办 G20 峰会、中非合作论坛北京峰会、亚信峰会、"一带一路"高峰论坛、博鳌亚洲论坛等多场主场外交活动，而这些活动也逐渐被官方界定为主场外交。中国在此阶段举办的主场外交活动的目的旨在提升国际地位，扩大国际话语权，展现国家形象。同时，中国所举办的主场外交从之前的政治议题为主，逐渐转型到经济、社会等多类议题。2019年底，新冠肺炎疫情暴发，中国主场外交也以"云外交"的形式开展。2020年6月，习近平以视频方式在北京主持中非团结抗疫特别峰会并发表主旨讲话。2021年7月，中国共产党与世界政党领导人峰会以视频连线方式举行。总之，在此阶段的各种主场外交不仅数量多，议题也更为丰富，尤其或多或少地能看见"一带一路"的身影。

二、推动中国主场外交的因素

推动中国主场外交日益活跃的原因是多方面的。

（一）习近平外交思想的指导

党的十八大以来，中国特色社会主义进入了新时代。习近平站在新的历史起点上，着眼实现"两个一百年"奋斗目标，相继提出了一系列外交新理念、新主张和新倡议，逐步形成和确立了习近平新时代中国特色社会主义外交思想。习近平外交思想贯穿着历史唯物主义和辩证唯物主义思想，蕴含着中华优秀传统文化哲学思想，在准确把握中国发展的历史方位和世界发展大势的基础上提出了百年未有之大变局、人类命运共同体、全球伙伴关系、共建"一带一路"等新理念，深刻揭示出中国特色大国外交的本质要求、内在规律和前进方向，极大丰富了中国外交和国际关系理论。[①] 这也是新时代中国主场外交的根本遵循和行动指南。当前，中国以共建人类命运共同体为指导思想，以多边外交为舞台，以"一带一路"为依托，充分利用外交的"主场时刻"，统筹和协调双边、多边外交活动，积聚营造复合效应。2017年与2019年，两届"一带一路"国际合作高峰论坛相继在北京举办，可以看出，中国正通过推进"一带一路"，多方位发挥负责任大国作用，为全球治理体系改革和建设贡献中国智慧与中国方案。

（二）强大综合国力的保障

中国快速提升的综合国力是推动主场外交发展的重要基础，尤其是经济实力的快速增长，成为开展主场外交的最大保障。按照马克思主义的观点，经济基础决定上层建筑。而经济实力作为国家综合国力的核心基础，直接影响着国家的生存和发展，也成为国家开展外交活动的基础。一般来说，经济实力雄厚的国家，其外交意愿更强，外交行为更主动，外交影响力也会更大，而经济实力相对弱小的国家则相反。新中国成立初期，我国处于积贫积弱的困难时期。1952年，中国国内生产总值仅为679.1亿元，1978年国内生产总值达到3678.7亿元，增长了5.4倍。改革开放以来，中国经济飞速发展。2001年，中国加入世界贸易组织，当年中国的国内生产总值为110863.1亿元，全球排名第6位。2010年，中国国内生产总值为412119.3亿元，成为世界第二大经济体。2020年，中国国内生产总

[①] 阎德学，华桂萍. 新时代中国外交理论的创新性发展 [J]. 国际问题研究，2020 (2).

值达到1015986.2亿元，近3倍于日本。① 国家实力的巨大提升，不仅为中国赢得了世界的更多关注，也为我们的主场外交提供了坚实基础与保障。

（三）参与国际事务的意愿

自古以来，中国人就有"穷则独善其身，达则兼济天下"的情怀与责任感。当今世界正经历百年未有之大变局，世界面临的不稳定性不确定性突出，人类面临许多共同挑战。为此，中国一直秉持共商共建共享的全球治理观，积极发展全球伙伴关系，推动构建人类命运共同体。近年来，随着中国经济跃升世界第二，中国在多边场合也持续发力，不断发出"中国声音"，拿出"中国方案"，不仅展示了大国气象和大国担当，更体现了大国气概。2020年6月17日，在全球抗击新冠肺炎疫情的重要时刻，由中国倡议的中非团结抗疫特别峰会以视频方式举行。习近平在峰会上发表主旨讲话，提出一系列重要倡议和主张，强调要坚定不移携手抗击疫情、坚定不移推进中非合作、坚定不移践行多边主义、坚定不移推进中非友好。一年来，非中双方深入开展抗疫合作，生动诠释了中非命运共同体的真谛。② 可以说，在进入新时代后，中国参与国际事务的意愿更加强烈，参与全球治理的能力与经验也有了大幅提升，这成为中国开展主场外交的内在推动力。

---

① 中华人民共和国国家统计局网站.国家数据［EB/OL］.（2021-10-03）［2021-11-11］.https：//data.stats.gov.cn/easyquery.htm? cn=C01.
② 戴维·蒙亚埃，斯佐·纳卡拉.非中结抗疫诠释命运共同体真谛［N］.人民日报，2021-06-18（3）.

<<< 第二章 主场外交与"一带一路"倡议的国际传播

第三节 中国主场外交:特点与作用

相比于西方频繁多样的主场外交,中国主场外交具有自身突出特点并发挥着传播中国主张、中国方案的外交作用。

一、当前中国主场外交的特点

随着越来越多的主场活动的开展,中国逐渐积累了更多的主场外交经验,并呈现出几方面的特点。

(一)议题设置更加主动

随着时代发展,当前双边或多边外交活动的议程较以前更加密集,议题也更加多元,因此,东道国投入巨大人力和物力来用心办会,各国领导人也会投入大量时间与精力来参会。为避免各种资源的浪费,东道国在外交活动的议题设置上更加主动,尤其经常利用东道主"特权",在多边外交活动的闲暇,主动邀请一些重要的非成员国与会。2014年11月,中国就凭借东道主优势,在亚太经合组织北京峰会上邀请印度、蒙古等非成员国与会,发展了与印度、蒙古的双边关系。发挥双边多边外交有机结合、多元外交形态协同的复合效应,已经成为包括中国在内的很多国家开展主场外交的重要着力点。[1] 因此,中国利用主场外交,切实以多边促双边,双边又反过来带动多边议题的推进和落实。我们可以看到,近年来,中国领

---

[1] 陈东晓.中国的"主场外交":机遇、挑战和任务[J].国际问题研究,2014(5).

导人会借各个外交活动的主场机会，与到访的各个国家领导人进行简短而有效的双边会晤，既加深了双边关系，也共推了多边发展，可谓一举多得。2019年第二届"一带一路"国际合作高峰论坛期间，习近平为多位外国领导人访华举行国事活动，并举行了数十场密集的双边会见，实现了全覆盖，从领导人的高度引领中国同与会各国巩固了友好、深化了合作。可以说，举办高峰论坛，既推动了共建"一带一路"，又促进了中国同各国双边关系的发展。

（二）活动效果更加明显

1978年，是中国重新走上世界舞台的时间节点，而现在，中国国家总体实力增强，正走进世界舞台中心，而主场外交让中国在世界舞台中心全方位地展现自己。当前，世界百年变局和疫情交织，单边主义、保护主义抬头，经济全球化遭遇逆流。"世界怎么了，我们怎么办？"习近平明确提出中国方案。2021年11月4日晚，习近平以视频方式出席第四届中国国际进口博览会开幕式并发表题为《让开放的春风温暖世界》的主旨演讲。"中国愿同各国一道，共建开放型世界经济，让开放的春风温暖世界！"习近平主席的话语铿锵有力、意蕴深远，引发与会各界人士热烈反响。此次进口博览会共有58个国家和3个国际组织参加国家展，来自127个国家和地区的近3000家参展商亮相。越来越多的进博故事，成为中国市场是"世界的市场、共享的市场、大家的市场"的鲜活写照。"中国经济高度国际化。中国市场对全球许多国家都具有吸引力。"[1] 作为中国政府主办的高规格主场外交活动，2017年和2019年两届"一带一路"

---

[1] 国纪平. 深化国际经贸合作 实现共同繁荣进步——写在第四届中国国际进口博览会开幕之际［N］. 人民日报，2021-11-04（3）.

国际合作高峰论坛的召开，对于"一带一路"倡议起到了至关重要的作用。越来越多的国家和国际组织加入共商共建共享朋友圈，至2021年1月，中国已经与171个国家、31个国际组织签署了205份共建"一带一路"方面的合作文件。① 2021年1-9月，我国企业在"一带一路"沿线对56个国家非金融类直接投资962.3亿元，我国企业在"一带一路"沿线的60个国家新签对外承包工程项目合同3643份。②

（三）举办城市更加多元

在新中国建立初期，受制于经济水平、基础建设水平和后勤保障水平等原因，中国的主场外交活动基本都选择北京和上海这种大城市，基本不会考虑其他中小城市。但随着中国改革开放的成功，经济迅速崛起，不管是北京和上海这种大城市，还是其他城市都有了巨大发展。根据中央的内外统筹和整体布局，越来越多的非一线城市开始承担主场外交互动的重担。2010年11月第16届亚洲运动会，在广州举行；2011年4月14日，金砖国家领导人第三次会晤在三亚市举行；2015年11月24日，第四次中国—中东欧国家领导人会晤在中国苏州举行；2016年9月，在中国杭州召开G20峰会；金砖国家领导人的第九次会晤于2017年9月在厦门市举办；2018年6

---

① 一带一路网. 我国已签署共建"一带一路"合作文件205份［EB/OL］.（2021-01-30）［2021-02-01］. http：//www.zgydyl.org/Home/News/view/id/20803.
② 中国商务部网站.《中国"一带一路"贸易投资发展报告2020》发布"一带一路"倡议七周年高质量共建持续推进［R/OL］.（2021-10-03）［2021-11-11］. http：//fec.mofcom.gov.cn/article/fwydyl/zgzx/202009/20200903000037.shtml.
2021年1-9月我对"一带一路"沿线国家投资合作情况［R/OL］.（2021-10-03）［2021-11-11］. http：//fec.mofcom.gov.cn/article/fwydyl/tjsj/202110/20211003211565.shtml.

月，上海合作组织元首理事会第十八次会议在中国青岛举行。主场外交活动的开展进一步促进了这些城市的现代化，很多城市在近年都跻身于"万亿俱乐部"①，其人均 GDP 都接近发达国家（地区）标准。同时，主场外交也推动了主办城市的国际化水平，其国内外影响力在办会后都显著增强。作为博鳌亚洲论坛永久性会址所在地，博鳌镇原为海南省琼海市的一个滨海小镇，但自 2001 年 2 月博鳌亚洲论坛宣告成立后，从 2003 年开始，博鳌亚洲论坛年会定期在博鳌东屿岛召开。时至今日，博鳌已经享誉全球，博鳌亚洲论坛也一直在为亚洲及世界的和平、繁荣与可持续发展贡献力量。

二、主场外交的作用

进入 21 世纪后，中国举办主场外交的次数明显增加，有舆论认为"中国已经完全具备了在本土建立'外交主场'、进行'主场外交'的能力"。② 总体来看，中国主场外交产生了三个方面的积极作用。

（一）发出中国声音

相较于传统的外交活动，主场外交活动的开展更能做到类似于体育比赛中的"主场效应"。东道国往往在议程设置、活动安排、舆论引导等多个方面占有"主场优势"，以便更快、更好、更准确地向外界传递自己国内政策和外交理念，争取国内和世界民众的广泛理解与支持。党的十八大以来，中国就通过各种主场外交活动主动向

---

① 万亿俱乐部是指中国大陆全年 GDP 达到或超过一万亿元的城市。
② 张颖. 办好主场外交尽显中国魅力 [J]. 前线，2014（5）.

外界发出中国声音,发出中国倡议,表达中国观点,不断促进与国际社会的交流沟通,以减少外界对中国的误解,增进互信、互利。习近平在2013年秋天提出共建"一带一路"的合作倡议,旨在通过加强国际合作,促进共同发展。在2017年第一届"一带一路"国际合作高峰论坛上,习近平发表重要讲话,进一步明确了未来"一带一路"的合作方向。他指出,要牢牢坚持共商、共建、共享,让政策沟通、设施联通、贸易畅通、资金融通、民心相通成为共同努力的目标,"一带一路"建成和平、繁荣、开放、创新、文明之路。圆桌峰会联合公报也将有关理念纳入其中,充分体现出广泛的国际共识。在2019年第二届"一带一路"国际合作高峰论坛上,习近平在开幕式主旨演讲中强调,共建"一带一路"要向高质量发展,要秉持共商共建共享原则,坚持开放、绿色、廉洁理念,实现高标准、惠民生、可持续目标。共建"一带一路",关键是互联互通,要通过构建全球互联互通伙伴关系,实现共同发展。习近平的讲话不仅是共建"一带一路"理念的拓展与升华,更向世界发出了中国声音,推动把中国话语转化为世界话语,以国际认同强化这些治理理念的权威性与正当性。①

(二)提出中国方案

中国近年来通过主场外交积极贡献有价值的中国方案,体现了中国尊重世界其他国家的文明成果,倡导文明交流互鉴的中国智慧和中国主张。2017年1月,习近平在联合国日内瓦总部的演讲一开始就提出了著名的"世界之问、时代之问":"当今世界充满不确定

---

① 陈拯. 国家治理、外交能力与中国主场外交的兴起[J]. 世界经济与政治, 2021(5).

性，人们对未来既寄予期待又感到困惑。世界怎么了、我们怎么办？这是整个世界都在思考的问题，也是我一直在思考的问题。"① 其实，习近平在出席重要的主场外交活动时，就曾多次全面系统地向世界阐述了应对全球性挑战的中国主张和中国方案——"构建人类命运共同体，实现共赢共享"，深刻体现了中国与各国一道推动构建人类命运共同体的坚定决心和使命担当。② 2014年亚信峰会，中国积极倡导的共同、综合、合作、可持续的亚洲安全观，受到了各方的高度评价。2014年亚太经合组织领导人非正式会议，习近平倡导深入推进区域经济一体化，共建互信、包容、合作、共赢的亚太伙伴关系。2015年博鳌亚洲论坛，中国提出构建"亚洲命运共同体"，倡导要开创亚洲新未来。2016年二十国集团领导人杭州峰会，针对全球经济增长乏力，在中国倡导和推动下，二十国集团成员聚焦创新增长议题，共同制定了创新增长蓝图，以及创新、新工业革命、数字经济三大行动计划。2017年厦门金砖峰会，明确提出了经济合作、发展合作、安全合作和人文合作四大重点，为下一个十年的工作绘就了路线图。2018年上海合作组织青岛峰会，习近平提出各方要继续在"上海精神"指引下，齐心协力构建上合组织命运共同体。2018年中非合作论坛峰会，习近平提出中非应携手打造"责任共担""合作共赢""幸福共享""文化共兴""安全共筑""和谐共生"的中非命运共同体。

---

① 中共中央党史和文献研究院. 科学回答人类前途命运的中国智慧中国方案 [J]. 求是，2021（1）.

② 杨洁篪. 推动构建人类命运共同体 共同建设更加美好的世界 [J]. 求是，2021（1）.

(三)展示中国形象

长期以来,国际社会由于受到西方意识形态的影响,很多国家对于中国产生了刻板印象和对抗思维。因此,我们必须要把真实、立体、全面的中国形象展现给世界,而中国主场外交活动正好提供了这样的契机,各国政界商界、学术界和媒体界的客人齐聚中国,亲身感受中国改革发展的伟大成就,他们以一种更加开放的态度去了解真实的中国和中国正在发生的事情,平等地对话协商解决人类发展面临的共同问题和挑战,理性地倾听新时代中国的外交理念和思想实践,[①]有利于增进世界对中国的了解,也"开创了同各国友好合作的新局面,树立了文明、民主、开放、进步、负责任大国的新形象"。[②]中国主场外交经过多年的经验积累,逐步摸索出了一套行之有效的统筹各类外交形态、协调各种外交议程的方法,旨在向世界展示中国文化与中国形象。例如,2014年亚太经合组织北京峰会期间,欢迎晚宴活动进行了焰火燃放,"鸟巢"、玲珑塔、瞭望塔三大地标性建筑上空,焰火织绘出"四季花开盛景";习近平夫人彭丽媛赠送给各国领导人夫人的国礼《和美》纯银丝巾果盘,从设计到制作都可谓巧夺天工。2016年9月二十国集团领导人峰会,选址杭州可谓是独具匠心,传统与现代在这里有机地融合在一起。从充满中国山水画气息的本届峰会会标设计,到与会各国领导人和嘉宾收到的国礼中的"苏绣",以及媒体包里放置的贴心的"杭扇""杭丝",还有会场里面无处不在的中国元素。出席峰会的各国领导人及

[①] 周琳. 新时代中国形象的塑造探析——以中国主场外交报道为例[J]. 文化与传播, 2020(2).
[②] 杨洁篪. 伟大的创新,丰硕的成果——十年来我国外交工作的回顾与展望[J]. 求是, 2012(20).

有关国际组织负责人在杭州西湖景区观看《最忆是杭州》实景演出交响音乐会。演出不仅有中国曲目，也有德彪西的《月光》、贝多芬的《欢乐颂》，在展示中国文化博大精深的同时，也把中国文化的包容性展现在世人面前。向世界传递了一个多元、包容的中国形象。

第四节 中国主场外交：问题与对策

进入新时代以来，中国外交开启了新征程，更加注重战略谋划与开拓创新，也更强调主场外交的作用。因此，只有客观理性地认识中国主场外交所面临的问题，做到趋利避害、积极应对，中国才能更好地发挥主场外交的优势。

一、中国主场外交面临的问题

当前，中国主场外交的发展虽然蒸蒸日上，但是由于受制于各种因素，中国主场外交的发展仍面临着一些挑战，主要存在着来自国际与国内两方面的问题。

（一）国际社会的猜忌与抵触

长期以来，中国作为最大的发展中国家，自身发展备受国际社会的关注，尤其是2010年中国国内生产总值跃居世界第二，中国经济发展进入快车道后，进一步引起了一些国家的猜忌与抵触，尤其以美国为代表。中美关系是当今世界最重要的双边关系，也是挑战最多、最为复杂的双边关系。现在世界上只有美国与中国两个国内生产总值总量超过10万亿美元的国家。2020年，中国国内生产总值

<<< 第二章 主场外交与"一带一路"倡议的国际传播

总量已经达到美国的 70%。虽然中美差距仍很大,但美国已经从上至下普遍将中国视为了未来的对手。为此,美国学者艾利森还煞有介事地提出了所谓的"修昔底德陷阱",认为新崛起的中国必然要挑战守成国美国,加之两国在政治体制、意识形态、历史发展、文化观念、社会性质等方面存在着巨大差异,使得双方更难以避免这个陷阱,战争也就变得不可避免。在此背景下,西方抛出的"中国威胁论"甚嚣尘上。中国近年积极开展的主场外交也被这些国家别有用心地解读为中国的强势崛起,并借主场优势改变国际机制。这些国家通过媒体舆论等各种方式来削弱中国主场外交的正面效果。2016 年二十国集团杭州峰会期间,美国《纽约时报》发表文章称,G20 杭州峰会更多的是一场"表演";《华尔街日报》的文章称,G20 峰会在中国举行,这对中国而言是一个辉煌时刻,然而与此同时,世界各地正面临全球化倒退,这在很大程度上归咎于中国。[1]同时,中国周边的大多数国家虽然也乐于搭乘中国经济增长的顺风车,但也有部分国家或迫于美国的压力,或对中国崛起抵触和恐惧,对于中国主场外交的态度往往比较消极。例如,2014 年在博鳌亚洲论坛上,面对中国重申推动建立亚洲基础设施投资银行的倡议,部分周边国家,对中国质疑美国在亚太加强军事同盟的合理性、呼吁建立亚洲新安全架构的立场态度比较暧昧,[2] 可以说,部分国家的猜忌与抵触对中国未来开展主场外交产生了巨大的障碍。

(二)中国主场外交的经验欠缺

近年来,随着党和政府对于主场外交的日益重视,中国举办了

---

[1] 张丹萍,沙涛. 从 G20 杭州峰会外媒报道看主场外交优势 [J]. 公共外交季刊,2017(1).
[2] 陈东晓. 中国的"主场外交":机遇、挑战和任务 [J]. 国际问题研究,2014(5).

多次主场外交，也初步积累了一些经验。但由于主场外交的规模不断扩大、领域不断拓宽、主体更加多元、形态更为多样，我们在开展主场外交活动时也凸显了经验欠缺问题。首先，主场外交涉及国内多方协调。由于很多主场外交不仅仅是延续了传统的首脑外交与经济外交，更添加了安全、文化、生态、网络等诸多议题，这必然要求中央与地方政府之间、各个部委之间重视统筹协调，防止出现各自为战，影响主场外交的总体成效。其次，主场外交的议题落实有待加强。在主场外交期间，我们的主办方往往聚焦于会议活动的筹备与开展，媒体与民众则更关心各种互动安排，而中国作为东道国提出的倡议与议题的落实反而容易被忽略。因此，及时落实相关会议精神和议题，这不仅是中国作为负责任东道国的重要表现，也是彰显中国形象，提升中国国际地位的良机。再次，主场外交亟待形成长效机制。中国目前已经逐步打造了一批主场外交名片，比如博鳌亚洲论坛每年定期举行年会，目前已成为亚洲以及其他大洲有关国家政府、工商界和学术界领袖就亚洲以及全球重要事务进行对话的高层次平台；"一带一路"国际合作高峰论坛也已初步成为支撑国家对外总体战略实施的会议机制。当然，实现这些主场外交的长效机制，需要更为关注主场外交在战略能力提升方面的作用，尽可能形成相对固定的会议机制，不断增强主场外交的国际影响。[①] 最后，主场外交需要衡量成本与收益。我们在看到精彩纷呈的主场外交活动时，也需要意识到主场外交并非没有成本，相反往往需要投入大量的人力、物力和财力，加之一些场馆在用于主场外交活动后的后续利用有限，维护成本增加。因此，我们在开展主场外交时需

[①] 凌胜利. 主场外交、战略能力与全球治理［J］. 外交评论，2019（4）.

要量力而行,如果投入成本超过本国承受能力以及社会的期望,可能会带来负面效果。

二、中国主场外交的应对之策

中国开展主场外交应注重战略规划与内外资源统筹,充分发挥"天时、地利、人和"的综合效应,积极捍卫国家利益,提升以"一带一路"为代表的中国方案在国际舞台上的话语权和影响力,营造有利于中国的外部环境,延续中国的战略机遇期。

(一)明确主场外交的目标性

习近平在党的十九大报告中强调,要以"一带一路"建设为重点,坚持引进来和走出去并重,遵循共商共建共享原则,加强创新能力开放合作,形成陆海内外联动、东西双向互济的开放格局。中国共产党第十九次全国代表大会通过了《中国共产党章程(修正案)》的决议,将推进"一带一路"建设写入党章,这充分体现出在中国共产党领导下,中国高度重视"一带一路"建设,坚定推进"一带一路"国际合作的决心和信心。面对百年未有之大变局,中国应以习近平新时代中国特色社会主义思想为指引,以贯彻落实十九大精神为主线,推动中国外交展现新气象,体现新担当。面对国际风云变幻,中国保持清醒头脑和战略定力,将与世界各国携起手来,始终站在维护世界和平发展一边,站在人类文明进步一边,站在各国共同利益一边,站在事实和真理一边。[1] 要统筹全局,设立相关

---

[1] 王毅. 迈入新时代 展现新作为——外交部长王毅回顾2017年中国外交并展望明年工作[N]. 人民日报, 2017-12-25 (3).

工作机制,把主办主场外交的重要目标定位于推进"一带一路"的全方位开展,并以此推动构建新型国际关系,推动构建人类命运共同体。

(二)发挥主场外交的主动性

主场外交,意味着东道国可以利用其主场优势,在议题设置上掌握主动,拟定有利于本国的议题或议事日程,推动制定有利于本国的国际规则或秩序,增强国际话语权、展示国际形象,进而实现本国的外交目标。中国应当充分运用各种主场外交中主场资源,回避不利于我的议题,避免外媒针对某些模糊议题对我进行恶意攻击,引导境外舆论往有利于我的方向发展,尽可能地扭转被定位的"中国威胁论""中国式新殖民主义"等负面形象,"讲好中国故事,展现真实、立体、全面的中国,提高国家文化软实力",塑造良好的中国形象。同时,我们也应意识到,真正的话语权,是对世界未来提出一整套知识、信仰与价值体系,无法强争而只能巧取。[1] 目前我们在很多外交场合努力争取来的只是技术层面的话语权,这对于越来越融入世界的中国来说仅是起步,我们应该在此基础上不断汲取中外人类文明的一切优秀成果并加以创新,逐步利用主场外交这一载体适时地向世界提出一整套价值体系。

(三)把握主场外交的整体性

随着外交主体多元化、外交形态多样化深入发展,主场外交的内涵日益丰富,必然涉及多层级、多领域,这就需要加强主场外交

---

[1] 蔡鹏鸿. APEC主场外交如何提升中国话语权与影响力 [J]. 国际关系研究,2014(5).

的整体规划、统筹协调。一方面,避免"政出多门、九龙治水"。"一带一路"作为中国"走出去"的综合工程,涉及诸多不同部门和不同地区,应加强外交部、中联部、商务部等一些主要涉外部门在各主场外交上的协调工作,及时总结办会经验,增强机制化建设,避免因协调不力而出现不必要的资源浪费。另一方面,调动社会资源与民众积极参与,做到"官方主导、社会参与、民众加分"。主场外交不应只有政府部门官员参加,而应鼓励更多的企业和民众参与其中,尤其是一些辅助性工作可以在政府部门的指导下交由社会力量来承办,这有助于中国企业积累办会经验、提高办会效果,有利于打造中国的主场外交名片,增强主场外交的可信性。同时,也要注重利用主场外交的契机来培养外交外事人才,鼓励中国官员与学者接受境外主流媒体的采访或发表文章,并推动普通民众与国外受众面对面接触,更好地促进中外沟通、提升中国形象,促进"一带一路"民心相通。

(四)注重主场外交的包容性

中国虽然能利用主场外交之便提出更多的"中国声音"与"中国理念",但我们应注意凡事过犹不及,如果一味强调以我为中心,忽视别国的正当利益诉求与发展期盼,则会让我们"一带一路"的"中国方案"四处碰壁。因此,我们在主场外交的议题设置、理念传播等各方面都尽量体现包容的特点,应注重世界多元文化的相互学习与彼此借鉴,要促进协调中国与其他国家的利益诉求,促使彼此同向而行,达到互利共赢、共同发展。具体来看,一是用包容性倡议与国际制度对接。例如,中国目前"坚持打开国门搞建设,积极促进'一带一路'国际合作"①，这种倡议本身就具有极大的包容性，因此在主场外交的议题设置上我们应进一步倡导世界各国支持多边贸易体制的发展，反对各种贸易壁垒。二是关注广大发展中国家的利益诉求，协调国家间的差异。长期以来，中国"秉持正确义利观和真实亲诚理念加强同发展中国家团结合作"②，在以中非合作论坛为代表的主场外交中，我们应当更加关注发展中国家所面对的诸多难题，倡导包容性发展与可持续发展。

（五）将"一带一路"倡议巧妙嵌入主场外交

当前，中美关系紧张，中国举办主场外交时必须慎重对待美国这一干扰因素。同时，中美关系紧张给一些国家造成了"选边站队"的压力。因此，中国更应该注重主场外交与"一带一路"的相互推进，将"一带一路"巧妙嵌入各种主场外交场合。中国可以借主场外交之机，在实践中不断提升自身的对外开放水平与国际交流水平，为"一带一路"的深入开展打下坚实基础。作为东道国，中国还可以此为契机，统筹协调双边、多边外交和其他各种形式多元的外交活动，收获多重效果。中国在积极推进主场外交的同时，要注重把"一带一路"倡议的构想更好融入其中，在国际国内形成积极向上的舆论氛围。通过主场外交，向"一带一路"沿线国家传达外交理念，全面展示中国形象。同时，"一带一路"的落实与推进也会对未来主场外交有着积极意义，尤其是"一带一路"相关合作稳步推进所带来的丰硕成果，必将为中国的主场外交带来更大的说服力与自信心。

---

① 习近平. 决胜全面建成小康社会　夺取新时代中国特色社会主义伟大胜利——在中国共产党第十九次全国代表大会上的报告［R］. 北京：人民出版社，2017：60.
② 习近平. 决胜全面建成小康社会　夺取新时代中国特色社会主义伟大胜利——在中国共产党第十九次全国代表大会上的报告［R］. 北京：人民出版社，2017：60.

第三章

企业公共外交与"一带一路"倡议的国际传播

在非国家行为体对国际关系的影响越发突出的今天,国家积极支持企业通过"一带一路"积极高水平的"走出去"不仅是中国的外交战略,也是中国的一项国家战略,是中国实现可持续发展、和平发展的必由之路。在内政外交双向互动时代,作为"一带一路"倡议的重要实施载体,企业"走出去"已不再单纯是市场经济行为,而是复杂的外交战略行为;企业所面临的已不再单纯是市场风险,更有诸多非市场风险;企业风险的化解已不能单纯靠经济手段,还必须借力政治外交手段予以应对;企业行为已不再单纯关系到企业自身的利益与形象,而且关系到国家利益的实现和国家形象的塑造;当企业跨越主权边界时,企业所面临的非市场风险将更加突出,对非市场手段、非市场战略尤其是公共外交将更加依赖。同时,国内企业"走出去"的实践表明,企业公共外交能力的高低,已经越来越成为决定"走出去"成败与成就的关键。本文试图从公共外交的角度对企业公共外交予以界定,并结合中国国情尤其是"一带一路"倡议对中国企业公共外交存在的突出问题与具体实施路径予以分析总结，以助力中资企业"走出去""走进去"。

第一节 企业公共外交与"一带一路"建设

在单纯的政府公共外交已难独撑公共外交大局的立体公共外交时代，作为一种影响外国公众的传播活动，政府公共外交之外的多边公共外交、政党公共外交、企业公共外交、媒体公共外交、非政府组织公共外交、公民公共外交等对于夯实国家关系的社会基础就显得更为重要和突出。对于"一带一路"如此大规模多领域高密度的区域合作倡议而言，如何以非政府公共外交，尤其是企业公共外交改善中国国家形象，争取沿线国家民心，夯实与沿线各国外交关系的社会基础自然就成为"一带一路"建设必须予以优先重视的重要民心工作。

一、企业是"一带一路"建设的主力军

20世纪70年代以来，伴随全球化的推进，跨国公司已成为国际舞台上一支不可忽视的力量。改革开放以来，尤其是2001年加入世界贸易组织以来，中国企业也开始加入跨国公司全球化潮流中来。尽管深受疫情影响，但《2020年度中国对外直接投资统计公报》显示，2020年中国对外直接投资1537.1亿美元，同比增长12.3%，流量规模首次位居全球第一。2020年年末，中国对外直接投资存量达2.58万亿美元，次于美国（8.13万亿美元）和荷兰（3.8万亿美元）。中国在全球直接投资中的影响力不断扩大，流量占全球比重连

续5年超过一成，2020年占20.2%；存量占6.6%，较上年提升0.2个百分点。2020年中国双向投资基本持平，引进来走出去同步发展。截至2020年年底，中国2.8万家境内投资者在全球189个国家（地区）设立对外直接投资企业4.5万家，全球80%以上国家（地区）都有中国的投资，年末境外企业资产总额7.9万亿美元。在"一带一路"沿线国家设立境外企业超过1.1万家，2020年当年实现直接投资225.4亿美元，同比增长20.6%，占同期流量的14.7%；年末存量2007.9亿美元，占存量总额的7.8%。2013至2020年中国对沿线国家累计直接投资1398.5亿美元。①2019年在"一带一路"沿线国家新签对外承包工程合同额1548.9亿美元，占同期对外承包工程合同总额的59.5%，同比增长23.1%。截至2019年末，对外承包工程业务累计签订合同额2.58万亿美元，完成营业额1.76万亿美元。②显然，中国企业已经成为"一带一路"建设的主力军。中国企业对"一带一路"倡议的积极参与不仅促进了中国国内经济与国际经济的大循环，而且有力地支持了共建"一带一路"国家经济的恢复与发展。

二、企业是化解"一带一路""中国威胁论"的突破口

自2001年中央正式提出"走出去"战略并于2011年适时提出加快实施这一战略以来，在国家"走出去"大战略引导下，中国海

---

① 商务部网站. 商务部、国家统计局和国家外汇管理局联合发布《2019年度中国对外直接投资统计公报》 [R/OL]. （2021-09-29）[2021-11-11]. http://www.gov.cn/xinwen/2021-09/29/content_5639984.htm
② 商务部网站. 中国对外投资合作发展报告2020 [R/OL]. （2021-03-17）[2021-11-11]. http://fdi.mofcom.gov.cn/go-yanjiubaogao-con.html?id=7961.

外利益急剧扩展。中国国家利益日渐突破传统地理界限而向全球拓展，海外利益逐渐成为中国国家利益结构中必不可少且日益重要的组成部分，中国正由"中国之中国"变为"世界之中国"，海外利益已经成为中国国家利益中不可或缺的有机组成部分。

然而，硬币总有两面。与中国海外利益不断扩展相伴随的另一个不容忽视的事实是，近年来，我国海外利益受损事件频发。事实上，近年来中国年均领事保护案件有3万多起。除了海外公民生命安全问题，涉及中国海外企业的利益受损事件同样层出不穷。2004年上汽集团收购韩国双龙汽车失败、2005年中海油竞购尤尼科失利、2007年华为收购美国3com公司流产、2009年中铝公司收购力拓集团的"世纪大交易"失败、2010年腾讯竞购全球即时通信工具鼻祖ICQ失败、2011年华为收购三叶系统（3Leaf System）失败……根据麦肯锡2009年的一项研究数据，过去20年里，中国有67%的海外收购不成功。除了海外并购面临种种非商业困境之外，"走出去"的中资企业同样困难重重。从东道国的政治动乱、政策与法律变更、汇率波动、文化差异、合同条款履行、企业内部运营管理到国家安全等均对"走出去"的中资企业造成过重大影响。2010年10月和2012年8月赞比亚科蓝煤矿爆发的两次冲突和2016年以来美国政府对中兴、华为以及TikTok的霸凌更是给"走出去"的中资企业蒙上了挥之不去的安全阴影。

此外，随着中国海外利益的不断扩展，除了上述"硬风险"之外，外界对中国实施"新殖民主义"的指责构成了中资企业"走出去"的"软风险"，极大地恶化了中国崛起的舆论环境。这些指责包括"掠夺资源论""占领市场论""不公平竞争论"和"传播中国模式论"，等等。虽然这些指责经不起事实的检验，但却对中国海外利益的扩展和维护构成了极强的舆论软约束，并对中国"走出去"战略和"一带一路"倡议直接造成了巨大负面影响。

三、企业走出去急需公共外交护航

为何中国"走出去"战略遇到如此之大如此至多的困难与挑战？为何中国企业跨国并购和跨国经营之路如此艰难？中海油员工在竞购尤尼科败北后曾表示："是华盛顿的强权政治抹杀了其得到尤尼科的一切机会""针对我们这次交易请求的空前的政治反对是令人遗憾而不公正的。"① 在失败一年之后，其时任董事长傅成玉在接受美国《华尔街日报》采访时表示："学到的教训是，做如此大一笔交易时，在公共关系和政治游说方面应该更加谨慎。应该在这些方面的问题解决了以后，再来谈交易本身。"② 美国参议院在一篇报告中也指出，中海油失败的原因之一是没有进行有效的公共外交去消除政府和民间的反对声音。③ 而 2009 年中铝公司收购力拓集团的失败同样源于中铝缺乏必要的面向澳洲公众的公共外交工作。④ 反思近年来中国企业海外并购失败的惨痛经历以及企业因莫须有的"国家安全"而受损的种种事件，虽然失败的具体原因多种多样，但企业公共外交未能得到充分开发和有效发挥却是共同原因。国际公共关系

---

① China's CNOOC gives up bid for Unocal because of 'unjustified' U. S. politics [J]. Inside Energy, Aug 8, 2005.
② 周颖. 中海油并购案：一年后迟到的反思 [J]. 成功营销，2006 (8).
③ 中国网. 企业"走出去"需加强公共外交 [EB/OL]. (2012-03-03) [2021-11-11]. http://news.china.com.cn/rollnews/2012-03/03/content_13046178.htm.
④ 何包钢. 跨国公司并购需要公共外交 [J]. 公共外交季刊，2011 (6).

协会2008年度主席罗伯特·格鲁普就认为,全球化条件下的企业都应该有外交官这样的角色。[①] 事实上,近十多年来,中国企业在世界各国面临的诸如罢工、环保、人权、国家安全等各种困境同样与企业公共外交的缺失紧密相关。在对中国国内5个城市几十个"走出去"的企业实地调研的基础上,全国政协常委、外事委员会主任赵启正指出:"实践表明,公共外交开展得好的企业,其'走出去'就较为顺利,成功的概率就大,反之,企业遭受挫折和失败的可能性就越高。"[②] 华为、中兴和TikTok之所以遭受到美国政府的霸凌,尽管存在大国竞争的因素,但仍然与企业公共外交的缺失紧密相关。可见,随着中国海外利益的扩展和"一带一路"大战略的实施,中国企业必须参与到中国公共外交体系中来,并认真研究、实践企业公共外交。

虽然企业是一个经济组织,但企业本身的规模、企业的经营、企业的产品与品牌以及企业文化却深深地影响着东道国的国家形象,又鉴于政府公共外交存在公信力先天不足和中国社会组织存在后天发育不全的缺陷,作为"一带一路"建设重要实施主体,参与"一带一路"建设的中国企业的形象与行为就是决定中国国家形象的最重要的底层神经末梢。为此,"一带一路"的企业公共外交将是夯实"一带一路"建设社会基础的关键环节与尚待开发的新高地。

[①] 刘晓玲. 公共关系与公共外交 [J]. 国际公关, 2008 (6).
[②] 凤凰网. 参见赵启正在第二届中国海外投资年会上的讲话 [EB/OL]. (2012-08-22) [2019-11-10]. http://finance.ifeng.com/news/special/hwtz_2012/20120822/6928574.shtml.

<<< 第三章 企业公共外交与"一带一路"倡议的国际传播

第二节 企业公共外交的内涵、路径与特性

事实上,在公共外交较早兴起的美国,企业对公共外交的参与虽然并不是毫无争议,但却一直备受重视。著名的美国南加利福尼亚大学公共外交中心认为诸如贸易、旅游、文化等私人活动对外交政策和国家安全具有重大影响,公共外交行为体不仅包括政府而且也包括其他行为体,其中企业就是极为重要的行为体。① 美国广告界大名鼎鼎的凯茨·雷恩哈德(Keith Reinhard)同样认为,"那些认为公共外交与企业无关的人应该重新思考,"因为"美国企业,尤其是那些从国外获得超过半数收入的日益增长的跨国公司需要一个欢迎美国商品和服务的世界"②。根据佐格比国际(Zogby Internatioanl)2006年的调查,美国商业精神受到了年轻阿拉伯人的青睐,在200个接受调查的年轻阿拉伯人中,40%的受访者将美国列为学习经商之道的首选,其次是英国(29%)、法国(18%)和德国(7%)。③ 事实上,虽然美国国家形象不佳,但在世界年轻人对美国的正面认识中,"美国商业精神"仍是少数几个项目之一。④ 21世纪初在全球掀起的

---

① 南加州大学公共外交中心网. USC Center on Public Diplomacy [EB/OL]. [2020-05-10]. http://uscpublicdiplomacy.org/pdfs/USC_CenteronPublicDiplomacy_05.pdf.
② Keith Reinhard. American Business and Its Role in Public Diplomacy [J]. Routledge Handbook of Public Diplomacy, 2009 (195).
③ Sam Rodgers and Sally Ethelston. Survey of Younger Arab Leaders in the United Emirates [J]. Zogby International, 2006 (9).
④ Harris Interactive. What Do Europeans Like and Dislike about United States [EB/OL]. (2004-03-24) [2020-05-10]. http://www.harrisinteractive.com/news/allnewsbydate.asp?NewsID=780.

"苹果热"和数量暴增的"果粉"是美国最为成功的企业公共外交案例。正是借助商业创新和良好的社会形象，美国企业在全球无往而不胜，并促进了"自由美国"国家形象的全球传播。

中国企业走出去的现状和所遇到的各种困难以及西方发达国家对企业公共外交的高度重视表明，中国企业"走出去"总体上还处于初级阶段，对国际市场还缺乏深入的认知和全面的把握，对国际惯例、通行规则还不够熟悉，还缺乏明确的公共外交意识，还不太善于在当地开展公共外交，与西方发达国家跨国企业的公共外交能力尚存在巨大差距。正因如此，在中国大力开展公共外交"正逢其时，大有可为"[1]，但是这种公共外交不仅仅指政府公共外交而且还应该包括"走出去"战略的重要主体"企业"对公共外交的参与和塑造。2021年11月19日，国家主席习近平在第三次"一带一路"建设座谈会上指出，"各类企业要规范经营行为，决不允许损害国家声誉。"[2] 企业公共外交不仅为中国企业"走出去"营造良好舆论形象，成为中国海外利益保护的新手段，而且还将推动中国公共外交事业的新发展，具有重大实践价值。对于当前中国来说，问题已不是要不要企业公共外交，而是该如何从理论上认识公共外交的这种新发展，该如何在实践上实施企业公共外交以发挥企业的外交功能，维护企业正当利益。

---

[1] 杨洁篪. 努力开拓中国特色公共外交新局面 [J]. 求是，2011（4）.
[2] 新华网. 习近平在第三次"一带一路"建设座谈会上强调 以高标准可持续惠民生为目标 继续推动共建"一带一路"高质量发展 韩正主持 [EB/OL]. （2021-11-19）[2021-11-22]. http：//www.news.cn/politics/leaders/2021-11/19/c_1128081486.htm.

<<< 第三章 企业公共外交与"一带一路"倡议的国际传播

一、企业公共外交的内涵

鉴于非政府行为体对国际关系日益频繁和强大的影响以及以政府为中心的传统公共外交的不足，我们必须树立政府与非政府行为主体密切互动的立体公共外交新理念。依据这种新式公共外交理念，公共外交是一国政府与非政府行为体为了改变外国公众观念、塑造自我良好国际形象而开展的信息、知识和价值传播活动。作为一种影响外国公众的传播活动，从行为主体角度而言，公共外交包括政府公共外交与非政府公共外交。政府公共外交也可称为国家公共外交或国家公关。非政府公共外交按照主体的不同又可划分为多边公共外交、政党公共外交、企业公共外交、媒体公共外交、非政府组织公共外交、公民公共外交等。从公共外交内容而言，公共外交不仅仅是信息传播活动，而且是知识、价值传播活动。从公共外交活动方式而言，公共外交绝不是单项宣传活动，而是双向互动、平等对话的外交新形式。

在内政外交双向联动时代，企业"走出去"已不再单纯是市场经济行为，而是复杂的外交战略行为；企业所面临的已不再单纯是市场风险，更有诸多非市场风险；企业风险的化解单纯靠经济手段已不能顺利解决，还必须借助政治外交手段予以应对；企业行为已不仅关系到企业自身的利益与形象，而且关系到国家利益的实现和国家形象的塑造；当企业跨越主权边界时，企业所面临的非市场风险将更加突出，对非市场手段、非市场战略尤其是公共外交将更加依赖。由于企业公共形象的改变与塑造会影响国家形象的改变与塑造，企业公共外交自然成为国家公共外交体系的有机一环。依据公共外交的上述界定，作者认为，企业公共外交是一国企业遭遇非市场风险时为了改变外国公众观念、塑造企业自身与国家良好国际形象而开展的信息、知识和价值传播活动。与传统单纯的企业公关不同，企业公共外交的建构与实施基于经济与政治的复杂联动关系的认知，是企业政治功能的国外延伸。对于中国海外经济利益的保护与国际形象的塑造而言，企业公共外交是立体公共外交体系中最为缺乏和最为紧迫的一环。但是，处于"走出去"初级阶段的中国企业无论是公共外交意识还是公共外交实践都十分缺乏，并导致了日益严重的后果。"一带一路"沿线各国自然资源禀赋不同，社会政治环境各异，加之域外大国的舆论干扰和中国企业海外经营经验不足，中国企业在"一带一路"塑造良好国际舆论环境所面临的挑战更趋艰巨，除了依靠企业自身的努力探索之外，还必须借力其他外交主体的积极支持与配合。为此，对于大力实施"走出去"战略加紧推进"一带一路"建设的中国政府而言，加强对企业公共外交的指导、支持与协调工作是中国公共外交顶层设计必须重点予以考虑的事项；对于大力实施"走出去"战略积极参与"一带一路"建设的中国企业而言，加强企业公共外交的实践探索是当前中国企业的一项重要经济与政治任务；对于大力实施"走出去"战略积极参与"一带一路"建设的中国社会组织而言，积极通过域外社会活动为企业进而为中国国家形象提供力所能及的帮助是当前境外中国社会组织的重要外交使命。

二、企业公共外交的路径

伴随中国的持续发展，中国企业海外投资潜力巨大。但是，作为后发国家，中国企业不仅是海外投资的后进者，也是公共外交的后进者。因此，中国企业应该如何参与到日益高涨的公共外交事业中呢？其在公共外交中应该承担哪些责任？具有哪些实践路径？事实上，作为全球化的直接参与者和主要载体，跨国公司不仅可以作为政府连接外国公众的"桥梁"从而服务于政府公共外交，而且作为各国普通公民重要工作场所也是社会公共外交的重要载体，并直接影响着国家形象的塑造。结合企业本身的性质及其在公共外交体系中的运作，笔者认为企业公共外交至少存在如下四个实践路径。

第一，培育、强化企业公共外交意识。

全球化时代，纯粹的本土企业已难寻踪迹，企业日益具有跨地域、跨国界、跨民族、跨种族、跨文化等混合性特征和跨国特质。这种"多跨"的混合性特征决定了全球化时代的企业是一个连接不同地域、不同国别、不同民族、不同种族和不同语言而比政府更加具有"文化敏感性"[①]的"文化万国宫"，因而是一个向全世界展示企业形象进而展示国家形象的天然公共外交新平台。另外，跨国企业的员工构成通常都是多国籍的，这些来自不同国家、不同民族、不同种族和不同文化的活生生的人在一起工作、一起生活，甚至一起争论，必然会相互影响对对方所属国家和民族的认知和感情。这种跨国跨文化交流的深度、频度和广度是任何其他组织所无法比拟的。因此，全球化背景下的企业不仅其本身是一个连接全球的天然公共外交平台，而且其内部也是一个天然的公共外交"大熔炉"。为

[①] Keith Reinhard. American Business and Its Role in Public Diplomacy [M]. Nancy Snnow, Philip M. Taylor, eds., Routledge Handbook of Public Diplomacy. New York: Routledge, 2009: 198.

此，对于加速"走出去"的中国企业来说，首先必须培育和强化企业的公共外交意识，这是任何企业开展公共外交的基本前提。

第二，通过企业产品、品牌形象增进国家形象。

在我们大谈国家形象时，我们绝不能抽象空洞地就国家形象而论国家形象。国家形象是通过所属国的政府、企业、组织和公民等构成要素合成的。全球相互依赖使得经济科技人才竞争成为国际竞争的主轴，企业产品、品牌形象和相关的产业形象已经成为国家形象中日益重要的有机组成部分和支撑。事实上，正如凯茨·雷恩哈德所言，跨国公司在建立强大品牌方面比政府更加在行，正是这些品牌培育了善意、信任和忠诚。[1] 日本前首相中曾根康弘也曾讲过："在国际交往中，索尼是我的左脸，丰田是我的右脸。"其实，企业产品质量和品牌体现着一个国家的实力和形象。一个国家经济崛起的过程，就是本国企业品牌发展壮大和走向全球的过程，并不断地塑造、充实着国家形象。美国的开拓创新形象源于其不断推陈出新的产品、理念与经营模式。日本的精益求精、高科技、节能环保形象源于索尼、丰田这些大型跨国公司的不断累积。德国的严谨务实国家形象源于其企业产品的高品质。当前，"中国制造"笼罩在低端、廉价和劣质的阴霾之中，损害的不仅是出口企业的形象和利益，还有国家的形象与利益。目前，中国虽然不乏联想、海尔、华为、格力等一批著名企业品牌，然而能代表国家产业形象的品牌，依然很少，远远不能与世界第二大经济体的国际地位相匹配。因此，加

---

[1] Keith Reinhard. American Business and Its Role in Public Diplomacy [M]. Nancy Snnow, Philip M. Taylor, eds., Routledge Handbook of Public Diplomacy. New York: Routledge, 2009: 198.

强培育和塑造一大批品质过硬、形象良好的企业品牌是企业公共外交的重要任务。如果说从良好的企业品牌形象过渡到国家形象需要一个长期的累计过程的话，不良产品事件却能在一夜之间摧毁企业品牌的同时损害国家形象。三聚氰胺、苏丹红、塑化剂、瘦肉精等一系列食品安全事件使很多中国企业品牌大打折扣甚至化为乌有，更损害了中国食品行业形象和国家形象。可见，公共外交使命并不专属于走出国门的跨国企业，出口外向型企业甚至本土企业的一举一动都会影响到国家形象。

第三，通过承担企业社会责任塑造良好国家形象。

经济利益虽然是企业经营的核心目标，但现代企业绝不仅仅是一个经济组织，它还必须关注政治、法律、文化与伦理的影响。1924年美国的谢尔顿（Sheldon）最早提出了企业社会责任（Corporate Social Responsibility, CSR）概念。[1] 在"贝利－多德（Berle-Dodd）论战"[2] 之后，企业社会责任逐渐得到了企业和社会的广泛认同。1953年博文（Bowen）第一次对企业社会责任进行了界定，认为商人"有义务按照社会的目标和价值观的要求，制定政策，做出决定，以及采取行动"[3]。1971年美国经济开发委员会发表的《商事公司的社会责任》报告列举了多达58种旨在促进社会进步的要求公司实施的社会责任行为。为了使美国企业在东道国的投资更具道德感，美国海外私人投资公司于2010年修改和完善了《环境

---

[1] Oliver Sheldon. The Philosophy of Management [M]. London, Sir Isaac Pitman and Sons Ltd., first published 1924, reprinted 1965: 70-99.

[2] E. M. Dodd. For Whom Are Corporate Managers Trustees [J]. Harvard Business Review, 1932, 45 (7).

[3] H. R. Bowen. Social Responsibility of Businessman [M]. New York: Harper, 1953.

与社会政策说明》，进一步强调了劳工权、人权保护以及在应对全球挑战方面的责任。联合国前秘书长安南也曾经大力提倡企业社会责任，强调保障人权、劳工自由和保护环境。企业社会责任是指企业为实现自身与社会的可持续发展，遵循法律法规、社会规范和商业道德，有效管理企业运营对利益相关方和自然环境的影响，追求经济、社会和环境的综合价值最大化的行为。① 随着可持续发展观念日益深入人心，企业社会责任已经成为企业竞争的新焦点。因为，企业社会责任直接面对的是国内外普通民众，是国家形象延伸至最底层的神经末梢，一个不认真履行社会责任的企业必然会受到国内外民众的反感和排斥，并延伸至企业的母国形象上，而一个具有责任和爱心的企业则会有好口碑和好形象，从而持久占据市场，实现可持续发展。为此，发布企业社会责任报告（CSR 报告，或称"可持续发展报告""企业公民报告"）已经成为企业尤其是跨国公司重要的企业社会责任行动，以塑造企业正面形象。毕马威发布的《企业社会责任报告调查 2011》披露的数据显示，2011 年，全球 250 强企业中，已有 95% 的企业发布了社会责任报告，比 2008 年的 83% 增加了 12 个百分点。② 自 2006 年以来，索尼中国几乎每年发布企业社会责任报告。同时，中国政府也日益重视引导企业规范经营。例如，2005 年商务部发布了《境外投资开办企业核准工作细则》、2006 年深圳证券交易所发布了《上市公司社会责任指引》、2007 年国家林业局会同商务部发布了《中国企业境外可持续森林培育指

---

① 李伟阳，肖红军. 企业社会责任概念探究 [J]. 经济管理，2008，21（9）.
② 林波，罗曙辉，杜娟. 与时俱进：在华跨国公司的责任答卷 [J]. WTO 经济导刊，2011（11）.

南》、2007年中国进出口银行发布了《中国进出口银行贷款项目环境与社会影响评估指南》、2008年国资委发布了《关于中央企业履行社会责任的指导意见》。中国政府从2007年起加入联合国全球契约组织捐款国政府。2019年4月27日,第二届"一带一路"国际合作高峰论坛圆桌峰会联合公报发布,联合公报呼吁"一带一路"合作的所有市场参与方履行企业社会责任,遵守联合国全球契约。

显然中国政府对企业社会责任的持续重视见到了成效。依据《2021年CSR报告》,截至2021年10月31日,通过网络查询、企业主动寄送、企业官方网站下载等渠道,共搜集到各类社会责任报告1940份,其中非企业组织报告14份,企业报告1926份,纳入评估的企业报告有1802份,而2009年企业报告只有582份。[1] 自2016年以来,作为中国落实2030可持续发展议程的重要行动,"金蜜蜂全球CSR 2030倡议"以"共同愿景、责任竞争、精准实践、跨界合作、共享价值"为关键词,在更高、更广、更深的层面上履行社会责任,助力SDGs的最终实现。截至2021年6月,共有34家企业和4家机构成为"金蜜蜂全球CSR 2030倡议"共同发起方。[2] 尽管中国政府日益重视企业社会责任,中国企业社会责任报告的数量和质量也有了大幅度提高,但与世界部分跨国企业相比,中国企业总体较低的社会责任竞争力仍然损害了中国国家形象并影响了中国企业

---

[1] 企业社会责任中国网.2021年CSR报告全数据来了[R/OL].(2021-11-18)[2021-11-28].https：//mp.weixin.qq.com/s?__biz=MzA5NDEyNTUxMw==&mid=2651379440&idx=1&sn=355c9b20f5750d9f425bb3635614dd62&chksm=8baf1a56bcd8934098a9cb6ea0b01dce941bb9ed935fd4ddcd5f6e217c05372675774342fa77&scene=132#wechat_redirect.

[2] 企业社会责任中国网.第十六届中国企业社会责任国际论坛召开[EB/OL].(2021-06-10)[2021-11-11].https：//mp.weixin.qq.com/s/BPBGm9i4AIMMPaj9InyEjw.

的海外并购与海外经营。

第四，通过企业文化传播母国核心价值观。

表面上看，公共外交传播的是信息，但透过现象看本质，成功的公共外交往往依赖于价值的传播与共享。因为，公共外交的本质是通过信息传播、价值对话实现价值共享。正是价值观的冲撞与对话使价值观外交成为公共外交体系中日益突出的一部分。价值观外交概指一国政府在对外政策与国际交往实践中以其国民所认可的主流价值诉求为指导而形成的外交方式。[①] 但是，信息的公开化已经使得政府直接主导的价值观外交难以遁形而往往让他国民众反感并适得其反。于是，成功的价值观外交往往借助于企业、学校和各种非政府组织的巧妙植入和长期熏染。为此，各种全球化条件下的企业尤其是无孔不入的跨国公司自然成为各国展示其核心价值实现价值碰撞、对话和传播的重要载体和平台。谷歌公司在中国推销价值观的行动及其引起的争议就是企业价值观外交存在的最好例证。当今世界通过企业投资经营行为传播国家价值观最为积极也较为成功的是美国。美国通过1971年成立的海外私人投资公司成功地将私人企业投资与国家外交政策融为一体。其基本做法是，美国海外私人投资公司强调只有采用美国制定的环境、社会和人权标准，东道国才能得到美国相关的投资。正是将企业投资经营行为与价值观传播"捆绑"的长期做法使得美式价值观伴随美国企业行销世界。当前中国企业在国外的一些不当言行（比如在环保责任、社区责任、人权保障、劳工自由等企业伦理上的不足）事实上背离了中国以人为本

---

① 李建华，张永义. 价值观外交与国际伦理冲突 [J]. 河南师范大学学报（哲社版），2009（3）.

的执政理念和社会主义核心价值观的基本要求，从而降低了中国公共外交效果，损害了中国国际形象。比如，中国五矿于2004年8月对加拿大诺兰达公司提出的"现金为王"的收购案历经半年而最终夭折的重要原因即在于五矿当年没有处理好与工会的关系，没有消除加方对中国国企人权状况的担忧。中国首钢于2010年收购了秘鲁Hierro铁矿，但由于首钢忽视与本地工人的沟通，不遵循当地的劳动法规和安全生产要求，解雇罢工工人等一系列不符合当地劳动法、工会法的做法损害了首钢在当地的声誉，并导致当地工人罢工不断，首钢为此付出了昂贵的学费。有调查显示，中国企业海外并购失败的十大原因中，有八项直接或间接与劳工、人事或人力资源有关。这表明，中国企业更多只是从"财务投资"上走出去了而没有真正让企业文化也走出去，中国企业还没有真正为当地带来广受认同的社会价值观。"而一个企业如果要与最大的利益相关者（即国家）建立最稳固的关系的话，则最为重要就是使企业自身的价值观与社会价值观相适应。"① 为此，一方面，企业要赢得东道国的认可和支持，其企业文化要与社会主流价值观相吻合；另一方面，企业文化通过公共外交渠道的有效传播将促进国家形象与社会核心价值的国际传播，从而改善国家形象。

综上所述，虽然企业是一个经济组织，但企业本身的规模、企业的经营、企业的产品与品牌以及企业文化却深深地影响着母国的国家形象，企业公共外交在公共外交体系中发挥着日益重要和突出

---

① Enric Ordeix-Rigo and João Duarte, From Public Diplomacy to Corporate Diplomacy: Increasing Corporation's Legitimacy and Influence [J]. American Behavioral Scientist, 2009, 53 (4).

的作用，必将大有可为。因此，一旦一个国家不能给予企业公共外交应有重视，其公共外交效果必将大打折扣、效果难彰。

三、企业公共外交的特性与中国企业公共外交的主要任务

企业公共外交本身就是一个矛盾的特色组合，是全球化条件下内政外交、政治经济密切互动的典型外交形态，相较于其他公共外交形式，企业公共外交内含了独特的矛盾与特性，由此决定了企业公共外交的作用空间与形式。具体而言，企业公共外交的特性以及中国企业公共外交的主要任务表现在如下三个方面。

第一，企业的国家属性与跨国属性决定了企业公共外交服务对象的双重性。由于全球化条件下的企业公共外交主要是由跨国公司承担的，跨国公司对公共外交的参与就同时具有既服务于母国又服务于东道国的双重性，从而让企业公共外交显著地区别于那些仅仅服务于母国国家利益的外交形式。企业公共外交服务对象的双重性决定了全球化条件下的企业公共外交的高度复杂性，为政府外交工作提出了新的挑战。鉴于中国企业公共外交功能的欠缺，对中国企业公共外交来说，如何在发挥中资企业公共外交功能的同时，积极防范应对并开发利用外国跨国公司公共外交功能是当前中国公共外交工作相对薄弱的一环。

第二，企业的经济属性决定了企业公共外交功能的局限性。尽管全球化条件下政治经济、内政外交的密切互动使得企业成为实现国家利益的工具和载体，但无论这种互动如何紧密，企业始终是作为经济组织而存在的，企业的经济自利本性无法改变。企业的经济属性决定了经济利益始终是企业的最高行为目的，企业外交功能的

发挥必然从属于其经济利益的得失。由于公共外交的本质在于价值观的对话。为此，就企业公共外交功能而言，企业外交功能的发挥不仅受制于企业经济利益的考量，而且主要局限在经贸领域，而在非经贸的价值观领域难以发挥作用，从而决定了企业对公共外交的参与深度与作用限度。这要求政府必须对企业公共外交行为予以指导、协调与监督。鉴于中国企业文化价值观的普遍缺失，如何引导全球化企业塑造既能反映中国文化传统又能合乎全球化价值需求的企业文化就成为决定中国企业公共外交质量的关键。

第三，企业政治使命的履行蕴藏着企业公共外交的危险性。企业公共外交虽然能够让企业更多地履行其政治使命为国家服务，但作为独立的经济社会组织，企业又有超越经济属性追逐政治权力的天然倾向，进而潜藏着政治外交双重危险性。就政治危险性而言，企业政治使命的履行为企业提供了更多参与、影响母国政府外交与政治决策的合法渠道，然而，这种政治影响既可以服务于母国也可以对母国造成负面的政治影响，甚至让母国政府成为其利益实现的工具，让母国政府丧失自主性。跨国公司通过参与外交进而影响外交最后控制外交的历史案例并不鲜见。就外交危险性而言，企业政治使命的履行既为国家提供了外交助力和新的外交渠道，又为企业过度使用、依靠国家行政资源而漠视市场规律与自身竞争力埋下了祸根，让企业经营行为成为破坏国家形象的利器。因此，企业公共外交是把"双刃剑"，他既可以服务于母国政府，优化国家形象，也可以损害母国政府权威，甚至操纵母国政府重大决策，让国家偏离正确轨道；他既可以优化国家形象，又可以成为破坏国家形象的推手。这正是企业政治使命的履行潜藏的两大风险。对于中国来说，大量国有企业的存在降低了企业对国家决策产生负面政治影响的风险，却增大了企业违背市场规律进而破坏国家形象的外交风险。当前中国诸多国企在海外不遵守当地风俗习惯和法律法规的行为正凸显了此种外交风险的现实性。

第三节　中国企业公共外交的总体进展

中国企业公共外交起源于企业文化建设，并伴随中国与世界关系的日益紧密而不断发展和完善。"一带一路"倡议提出之后，不仅中国企业更加重视企业文化建设，而且中国政府也加强了对企业国际化过程中企业文化建设的重视，并试图从外交角度予以引导，正式进入企业公共外交阶段。

一、企业文化建设阶段

中国企业公共外交起源于企业文化建设。自 2001 年中国顺利"入关"之后，中国企业正式开始了国际化进程。企业意识逐渐成熟。比如，2002 年 8 月 28 日，大庆油田公司就召开了首届企业文化建设推进会。随着中国特色社会主义市场经济的成熟，一些大型国有企业率先意识到企业文化建设的必要性和重要性。五年的企业靠产品，十年的企业靠技术，百年的企业靠文化，逐渐成为中国企业界的共识。2003 年国资委组建成立了企业文化处，这是我国迄今唯一以企业文化建设为主要业务的政府部门。2003 年 11 月 29 日至 12 月 1 日，中国企业文化研究会主办了"企业文化与 21 世纪中国企业发展——中外企业文化2003青岛峰会"。2004年7月6日至9日，国务院国有资产监督管理委员会在大庆召开了中央企业企业文化建设研讨交流会。会议明确了中央企业企业文化建设的总体目标是：力争用3年左右的时间，初步建立起适应改革开放和社会主义市场经济发展要求，符合企业发展战略，遵循文化发展规律，体现员工根本利益，具有各自企业特色的企业文化体系。2005年3月，国资委颁布国内首个有关企业文化建设的指导意见，即《关于加强中央企业企业文化建设的指导意见》，对各中央企业企业文化建设进行科学的部署，并通过搭建研究、交流平台，组织学习培训，推进企业文化建设工作的开展。2005年11月，由中国企业文化研究会主办的"企业文化建设与企业可持续发展——中外企业文化2005成都峰会"在四川省成都市举行。2005年12月17日，全国企业文化建设工作年会在京召开。本着"以人为本、和谐发展"的宗旨，大会讨论通过了2006—2020年《中国企业文化建设发展规划纲要》。规划以"以人为本，铸造和谐；诚信为基，创新为魂；打造特色，彰显个性；积极引导，逐步推进"的指导方针，力争到2020年前，科学地确立起企业文化建设的发展目标，构建起完整的中国企业文化体系。据2006年对146家中央企业的一项调查，当时已经有近95%的企业成立了企业文化建设工作的领导机构，84%的企业初步确立了企业精神、核心价值观和经营管理理念，78%的企业初步建立了理念识别系统、行为识别系统和视觉识别系统。[1]

为进一步落实国务院国资委《关于加强中央企业企业文化的指

---

[1] 光明网. 企业文化建设：央企应走在前列 [EB/OL]. (2006-09-21) [2019-11-05]. http://www.gmw.cn/01gmrb/2006-09/21/content_482609.htm.

导意见》，推进企业文化建设，国资委宣传局从 2010 年起开始举办企业文化建设培训班。2012 年 4 月 9 日，为鼓励和支持我国企业更好地适应实施"走出去"战略面临的新形势，内凝核心价值、外塑良好形象，在实施互利共赢开放战略和建设和谐世界中发挥更大作用，实现我国企业在境外的健康可持续发展，商务部等 6 部委印发《中国境外企业文化建设若干意见》。《意见》指出，企业文化建设主要包括九大内容：树立使命意识、坚持合法合规、强化道德规范、恪守诚信经营、履行社会责任、加强与当地融合、加强风险规避、严抓质量考核、创新经营特色。这九大内容基本涵盖了企业公共外交的全部内容。从此成为指导"走出去"企业加强企业文化和公共外交建设的重要文件。

二、企业公共外交阶段

2013 年 4 月，为深入了解中央企业企业文化建设工作现状，总结经验，分析工作中存在的突出问题，研究下一步做好中央企业企业文化建设的思路及对策，国资委召开了多场中央企业企业文化建设工作座谈会。会议指出，一流的企业必须要有一流的文化做支撑。要实现十二五做强做优中央企业、培育具有国际竞争力的世界一流企业的目标，必须在打造硬实力的同时，努力提升文化软实力，在企业文化建设方面走在前列、做出表率，以一流的企业文化引领战略、提升管理、凝心聚力、铸魂育人、塑造品牌，推动中央企业科学发展，为实现中华民族伟大复兴的中国梦贡献更大力量。2015 年 7 月 15 日，国资委在京召开首次国有企业企业文化研讨会，会议主题为"以社会主义核心价值观引领企业文化"。为深入推动中央企业企业文化工作，全面落实国资委《关于加强中央企业品牌建设的指导意见》，加快推进中央企业国际化、市场化发展进程，促进国有企业积极参与"一带一路"布局，不断提升中央企业品牌国际影响力，2015年7月27日至30日，国资委宣传局在青岛举办中央企业品牌文化与跨文化管理培训班。显然，新时期的企业文化建设在中国企业"走出去"的同时更加突出社会主义核心价值观的方向引领和为"一带一路"服务的外交布局。中国企业公共外交正从关注传统的产品质量、社会责任转到更具持久性的文化自信和价值传播上来，进而与西方跨国公司展开企业和国家形象竞争。

事实上，对于企业参与公共外交活动，早在2011年，时任外交部部长杨洁篪就对此进行了充分肯定。他当时指出："新形势下，人大、政府、政协在各自领域积极开展公共外交，媒体、智库学者、非政府组织、社会团体、工商企业及各界人士也努力发挥各自作用，中国特色公共外交形成了政治经济文化相结合、各部门各地方相配合、国内国外相协作的全方位、多层次的良好局面。"[1] 第二届"一带一路"国际合作高峰论坛圆桌峰会联合公报明确载明："我们呼吁'一带一路'合作的所有市场参与方履行企业社会责任，遵守联合国全球契约。"[2] 2021年11月19日，国家主席习近平在第三次"一带一路"建设座谈会上指出："各类企业要规范经营行为，决不允许损

---

[1] 求是理论网. 努力开拓中国特色公共外交新局面 [EB/OL]. (2011-02-16) [2019-06-03]. http://www.qstheory.cn/zxdk/2011/201104/201102/t20110214_67907.htm.
[2] 一带一路网. 第二届"一带一路"国际合作高峰论坛圆桌峰会联合公报 [EB/OL]. (2019-04-27) [2010-05-25]. https://www.yidaiyilu.gov.cn/zchj/qwfb/88222.htm.

害国家声誉。"① 中国最高领导人对规范企业行为的突出强调表明，企业公共外交不再仅仅是企业自身文化建设，而且是政府外交工作的重要组成部分。

第四节 企业公共外交的中国模式与中国特色

作为中国外交大布局，"一带一路"已经成为中国企业"走出去"的优先方向。为了获得"一带一路"更多商机，也为了配合推动"一带一路"走深走实，越来越多的优秀中国企业结合自身实际，强化企业文化和公共外交意识，形成和培育了多姿多彩的企业公共外交实践，推动了"一带一路"的转型。

一、企业公共外交的中国模式

结合"一带一路"企业公共外交实践，企业公共外交大致有六大模式值得注意。

（一）主动传播型

在中国企业"走出去"的过程中，不免会受到国外舆论、政治等方面的负面影响，面对这种情况，企业主动作为，开展行动塑造良好形象，用实际行动迎接挑战。另外一些公共外交意识较强的企

---

① 新华网. 习近平在第三次"一带一路"建设座谈会上强调 以高标准可持续惠民生为目标 继续推动共建"一带一路"高质量发展 韩正主持 [EB/OL]. （2021-11-19）[2021-11-28]. http://www.news.cn/politics/leaders/2021-11/19/c_1128081486.htm.

业在进军海外的过程中，为了克服障碍，甚至会主动与当地政府、社区交流以增加互信，这种主动传播型公共外交以神华集团和塞尔维亚多瑙河大桥为代表。

神华海外开发投资有限公司是神华集团和中国神华能源公司的海外开发投资平台。神华在澳大利亚开拓市场的过程中，积极开展行动，主动与当地政府、社区沟通交流，树立良好的企业形象。2012年，神华海外公司俄罗斯项目的推进一波三折，一度面临困难。而神华海外公司邀请项目所在地马加丹州州政府代表团访问神华集团，并且策划了一场"神华海外杯"中国·神华集团-俄罗斯马加丹州足球友谊赛，通过无国界的体育活动增加双方的互信，推动项目的发展。2013年中秋，恰逢神华澳洲沃特马克项目环评关键时期，神华澳洲公司以传统佳节为契机，邀请了项目所在地周边市的市长、社区知名人士、重要利益相关人等150多人参加中秋晚会，以传统文化交流为纽带，就环评相关问题进行了有效的解答，同时宣传了公司的文化理念，传播了中国文化，同时也加强了与社区联系。另外，神华海外公司与东道国各级政府部门、行业协会、社会组织等利益相关方均建立起了有效交流机制，以便及时、定期进行交流，增强互信。在澳洲新南威尔士项目中，通过与政府部门保持密切沟通，神华海外公司在项目环评审批、勘探工作等方面都得到了政府的支持。同时，澳洲公司积极与新南威尔士州矿业协会开展密切合作，聘请专门的社区经理负责与社区进行协调沟通，及时向社区介绍项目进展情况，提前召开环评社区咨询会议，征求社区、利益相关方的意见。澳洲神华通过积极与当地政府、社区交流沟通，主动融入当地社会，克服项目发展障碍。企业通过自身主动开展公共外交，赢得当地人的拥护以及社区政府的支持，不仅提高了企业的影响力和美誉度，对于两国之间的文化交流也起到了促进作用。

另外，在一些工程类企业走出去的过程中，长期被国外负面舆论包围，加上中国企业习惯于埋头干活，对于外界的各种消极言论处于被动应对的状态，企业形象的塑造一直掌握在别人手中。而近年来，经过长时间的实践以及公共外交意识的增强，一些企业开始转变传统的沉默态度，主动宣传，灵活利用各种公共外交活动传播企业的声音，塑造企业积极正面的企业形象。这种公共外交形式以中国交建参与塞尔维亚泽蒙-博尔察大桥项目为代表。在泽蒙-博尔察大桥建设过程中，中国交建项目团队主动建立新闻发布制度，由专人负责媒体采访与沟通；同时，建立自己的网站，并设有英语和塞语两个版本，由专人负责网站维护与信息发布，以此增进塞尔维亚当地民众对于项目的了解，赢得当地人民对于项目的支持与信任。在积极与当地媒体进行沟通的同时，项目组也邀请在塞常驻中国媒体进行实地考察，提供多角度的项目情况，进而通过他们向媒体行业传播项目报道素材。另一方面，项目部还举办招待会，邀请政府、相关单位、社会知名人士以及新闻媒体参加，向他们介绍中国交建的业绩，增强他们对中国企业的了解和信任。项目部还安装了视频监控系统，并将其接入互联网，以便当地人民实时了解项目进展。企业通过主动与媒体进行沟通，提高信息传播能力，增强企业经营透明度，以此巧妙地利用媒体回应质疑，塑造正面的企业形象，从而扩大企业甚至国家的影响力。

（二）企业品牌型

对于塑造良好的企业形象，归根到底还是取决于企业自身业绩所塑造的企业品牌。海尔集团创立于1984年,是全球领先的美好生活解决方案服务商。作为中国最早"走出去"的企业之一,海尔实施出口创牌战略,坚持本土化"研发、制造、销售"三位一体的海外布局,实现全球收入全面增长。2020年,在一些跨国企业营收下滑之际,海尔靠创牌出口拓展了新的发展空间,海外业务逆势增长,营收达千亿元,利润率占十年新高,海外8个大区市场份额进一步扩大。逆势增长的背后,是海尔的出口创牌国际化战略。20世纪90年代,不少企业选择能够快速创汇的贴牌代工,海尔却避开捷径,走上了出口创牌之路。从1989年开始批量出口算起,整整26年,海尔才在海外突破盈亏平衡点;又用5年,突破代工利润率。自此之后,海尔出口创牌利润率屡创新高。目前为止,海尔的全球销售网络遍布160多个国家和地区,服务超过10亿用户家庭,海内外总计25个工业园。海尔始终以用户体验为中心,连续3年作为全球唯一物联网生态品牌蝉联BrandZ全球百强,连续12年稳居欧睿国际世界家电第一品牌,旗下子公司海尔智家位列《财富》世界500强。截至2021年2月海尔已成功孵化5家独角兽企业和37家瞪羚企业,在全球布局了10+N创新生态体系、28个工业园、122个制造中心和24万个销售网络,深入全球160个国家和地区,服务全球10亿+用户家庭。显然,海尔的成功主要在于其品牌建设的成功。

(三)社会责任型

企业在海外的经营与发展,离不开良好的企业形象;而良好企业形象的塑造,离不开企业社会责任的履行。企业在海外经营活动的过程中,积极主动履行社会责任,不仅会为企业树立良好的形象,还有利于当地社会对其母国形成积极正面的印象。中国交建旗下中国路桥在巴基斯坦喀喇昆仑公路建设项目以及塞尔维亚多瑙河大桥项目中展现了这一点。

喀喇昆仑公路，全长 1032 公里，被评为"世界十大险峻公路"之一。20 世纪 60 年代开始修建公路，经过中巴双方的共同努力，于 20 世纪 80 年代正式通车。2008 年，中国企业再次参与到公路建设，承担公路改扩建项目。中国路桥在项目进行过程中注意环境保护等问题，针对沿线重要文明古迹和野生动物保护区，开展专题研究，提出相应的保护措施。项目团队还免费向当地村民开放医务室，为失学儿童捐款。在当地发生重大灾害时，项目组也积极履行社会责任，以实际行动争取民心。2008 年 8 月，原吉尔吉特旧大桥突然垮塌，巴基斯坦吉尔吉特以北的陆路交通彻底中断，中国交建工程部几乎在最短的时间内选址、采购、运输，架设起一座 150 米的钢便桥，打通了巴基斯坦北部地区的生命线。2010 年 1 月，巴基斯坦北部因暴雨发生山体滑坡，造成至少 10 人死亡，道路被堵塞。事故发生后，在当地负责喀喇昆仑公路改扩建工程的中国交建项目部积极帮助巴基斯坦实施抢险救灾工作，甚至比巴军方更早地进入灾害现场，清理塌方、挖泄洪道，协助政府转移受灾人员，提供第一手现场数据。2010 年 8 月，巴基斯坦遭遇百年一遇的巨大洪水灾害，中方项目部开山打便道、填土围堵洪水、日夜清理泥石流。2012 年 5 月，公路沿线发生大规模雪崩，道路完全中断，大批车辆被困，项目组迅速成立青年突击队抢修该路段，快速恢复通车。中国企业通过履行社会责任，受到当地人民的广泛拥护，提升了中国企业的形象，也促进了当地民众对于中国的良好印象。

中国路桥在塞尔维亚多瑙河大桥项目中的表现也是对企业履行

社会责任，开展公共外交的有力诠释。泽蒙-博尔察大桥地处塞尔维亚首都贝尔格莱德，横跨多瑙河，被誉为中国企业进入中东欧国家的名片。泽蒙-博尔察大桥于2011年开始施工，2014年正式完工。这座大桥的建成，不仅有效改善了塞尔维亚的基础设施，同时也促进了当地经济的发展。中国路桥集团在塞尔维亚的建设工作面临巨大的挑战，这项工程不仅面临管理、环保要求等挑战，还具有重大的政治意义，因此为了保证项目的圆满完成，中国路桥确定了属地化建设的根本方针，大力开发并整合当地资源，对接并融入当地市场，适应周边市场项目运作模式，着重了解并掌握欧洲建筑施工管理体系和相关规范法律，同时尊重当地文化习俗。对于塞尔维亚建筑市场萎缩，大型建筑企业相对较少，工程技术管理人员以及技术工人实践经验相对不足等问题，中国路桥大力引进当地优秀的工程管理和技术人才，并对他们实施培训，同时快速摸索出适应当地的管理模式。项目中中塞员工比例为1:3，46.6%的工程建设由当地企业分包施工，为塞尔维亚人民提供就业机会，带动贝尔格莱德基础设施市场发展。在项目实施期间，中国路桥还通过严谨的管理，对外树立了良好的企业形象，进一步吸引忠诚度高、业务能力强的当地员工为我所用。这种做法一方面为大桥建设项目添砖加瓦，同时也为中国路桥未来在塞合作项目做了人才储备；另一方面也为塞尔维亚培养了一大批建设领域的人才，让当地人民感受到中国企业在塞搞建设不仅仅是为了挣钱，同时也给当地人的工作和生活水平带来了很大的提升。为了按时完成任务，不管是极端寒冷天气，还是百年不遇的洪灾，都没有影响工程建设。在做好工程防护的同时，中国路桥驻塞尔维亚办事处的全体领导和员工时刻牵挂受灾的塞尔维亚人民，中国员工纷纷捐款。同时，为带动社会力量、扩大募捐范围，办事处还选出精干队伍参与当地足球俱乐部组织的足球友谊赛。中国路桥在多瑙河大桥项目建设中，注重员工本地化，为他们提供有针对性的技能培训，并进行灵活严谨的企业管理，为员工以及当地建筑行业的可持续发展奠定良好的基础，促进当地就业以及产业链的形成，让民众切实感受到中国企业为当地社会发展所做的贡献，以此对外树立了良好的企业以及国家形象，有力彰显了中国建筑企业的社会责任感。

（四）标准引领型

一流企业做标准，二流企业做品牌，三流企业做产品。标准代表着一个行业的发展趋势和发展方向，对行业标准的认同是对企业和国家实力和影响力的认同，更是对其国际话语权的认同。在日趋激烈的国际贸易中，谁掌握了标准制定权，谁就掌握了市场主动权。一些行业内实力过硬的企业，凭借自己强大的实力，引领行业标准制定，夺得行业话语权，由此彰显中国日渐增强的国力和影响力，此可称为标准引领型。这种公共外交模式主要以华为5G标准制定和亚吉铁路建设中的中国标准为代表。

2016年11月，在通信标准制定组织3GPP会议上关于5G短码方案讨论中，中国企业华为主推的Polar Code（极化码）方案获得认可，成为5G控制信道eMBB场景编码的最终解决方案。由此，以华为为代表的中国企业在国际5G标准制定上拥有了更多的话语权，我国在5G建设领域抢占了先机。另外，美国为了遏制中国的技术崛起，美国商务部在2019年发布公告，将华为及其子公司纳入实体清单，华为必须获得美国政府的许可才可以购买美国技术。同时，禁止美国公司尤其是芯片公司和华为的业务往来，并且拉拢其盟友禁止华为参与 5G 建设。而根据市场研究机构 Strategy Analytics 于 2020 年 3 月发布的报告显示，在 3GPP 的 5G 标准化进程中，对 5G 标准贡献排名前五的公司分别是华为、爱立信、诺基亚、高通和中国移动。在这种情况下，5G 技术标准的制定注定离不开华为的参与，美国也在对华为进行一年封锁之后，于 2020 年 6 月修改了禁止美国公司与华为开展业务的规定，允许双方在 5G 标准制定方面合作，并且双方的交流合作不再需要向美国政府申报。华为在全球通信技术标准制定上的成功参与，是对于其实力的认可，其品牌知名度以及市场认同度得到了提升的同时，中国的国家实力和影响力也得到了彰显。

在技术领域有华为这样的翘楚引领标准制定，在传统基础设施建设领域也有中国铁建这样的代表。亚吉铁路，即埃塞俄比亚至吉布提标准轨距铁路，是非洲大陆上连接埃塞俄比亚首都亚的斯亚贝巴和吉布提首都吉布提，以货运为主的铁路。这是非洲大陆上第一条现代电气化铁路。这条铁路采用中国铁路技术标准，同时结合埃塞俄比亚和吉布提的实地情况，以此制定最合适的铁路设计和施工方案。比如，埃塞俄比亚地处非洲内陆，其出海口的缺席长期以来都是制约经济发展的主要原因。在开始进行铁路设计时，中铁建参照京沪铁路标准进行实地勘测之后，发现以当地的地理条件以及发展状况，将设计时速从原来的 160 公里降为 120 公里才最为符合当地情况，可以实现运营效率最大化和建设成本最小化。由此看来，中国标准也不是生搬硬套，而是因地制宜，形成各方都可以接受的真正"走出去"的中国标准。

作为中国企业在海外建设的首条全产业链"走出去"的铁路，其融资、设计、施工、材料装备以及通车后的运营都由中国企业负责。亚吉铁路更是以造价低、质量高、工期短的优势赢得了埃塞俄比亚人的信任，其成功对中国标准的国际化有示范作用。当然，对于中国铁路标准的认同也体现了对于中国国家实力以及其在基础设施建设领域水平的认同。

（五）反客为主型

走出去的企业虽然有自己的母国，但真正持久的企业必须本土化，成为东道国社会建设事业的一部分。反客为主，即以东道国视角促进当地经济发展并为当地提供社会教育，也逐渐成为一些中资企业的经营理念。斯里兰卡汉班托特港由中国交建总承建。汉班托特过去就是一个小渔村，但是斯里兰卡人想把它打造成"斯里兰卡的深圳"。在汉班托特之前，当地从没有过如此规模的港口建设，因此在项目建设过程中，建设中的汉班托特港成为当地的一景，许多村民对此感到好奇慕名前来观看，当地不少学校也专门带学生参观。为此，中国港湾项目团队在建设过程中，特别建造了两个观景台供参观者一睹大港建设景象，以便当地人民能够直观了解项目进展，直观感受中国建设者为当地发展所做的贡献。在港池充水当日，前来参观的斯里兰卡民众就超过了10万。汉班托特港作为斯里兰卡内战之后的第一个大型项目，承载着当地人民的希望，斯里兰卡汉班托特港几乎成为斯里兰卡人感受国家快速发展的爱国主义教育基地。

（六）文化价值型

长久以来，中国企业在"走出去"的过程中，对于自身的文化十分不自信。由于文化的差异，经常也会出现中国企业的企业文化在国外不被接受的现象。作为中国企业走出去的代表性企业，中石油用"大庆精神"和"铁人精神"树立其在国际市场上的良好形象，为中国企业走出去提供了另一种思路。2020年，中石油公司在世界50家大石油公司综合排名中位居第三，在《财富》杂志全球500家大公司排名中位居第四。截至2021年1月22日，中国石油陆续公布完成2020年3个重要数据：全年国内产油1.0225亿吨，产气1304亿立方米（折合油当量约1.039亿吨），海外油气权益产量当量达到1.0009亿吨。中石油历史上首次实现国内年产油、气当量和海外油气权益产量当量3个"1亿吨"，端稳了国家能源安全的"饭碗"，优化了供给侧能源结构，领跑行业绿色转型。中石油经过40年的创新发展，海外业务遍布世界28个国家和地区，在"一带一路"沿线国家签订合同约占全部合同额的70%。而在拓展海外业务的过程中，中石油也将其艰苦奋斗的"大庆精神"和"铁人精神"传播出去并因此取得成功。显然，在中国企业走出去过程中，如何突破西方企业文化，积极吸纳、塑造并传播中国传统和现当代优秀文化将是走出去中国企业的一大紧迫任务。

二、企业公共外交的中国特色

鉴于中国独特的政治经济体制和快速的"走出去"实践，中国企业公共外交的开展具有与之紧密相连的中国特色，这体现为政治导向的企业公共外交成为中国企业公共外交的主流行为模式。

根据企业开展公共外交的原始动力的不同，企业公共外交可以区分为市场导向的企业公共外交和政治导向的企业公共外交。所谓市场导向的企业公共外交是指企业对公共外交的重视和开展本质上基于企业自身市场长期利益考量，是企业市场经营行为逐步成熟的结果。由于中国国情与短暂的"走出去"历史，相较于西方发达国家市场导向为主的企业公共外交实践，中国企业公共外交具有与中国国情紧密相连的政治导向的中国特色，即企业对公共外交的开展主要不是企业自身的内在需求，而主要是在政府政治要求下而进行的，并承担着政治外交使命，这尤其表现在国有企业上。

此种政治导向的企业公共外交使得中国企业公共外交工作的开展变得更为复杂：第一，较强的政治驱动力让国有企业较易被动员参与公共外交，却较难主动扎实推进，切实塑造相对独立的企业国际形象。第二，较强的政治驱动力使得广大的民营企业较难被动员参与公共外交，却较易在短视的市场"赚钱"思维引诱下破坏既存公共外交成果。而部分市场化程度较高、外交意识较强的民营企业反而开展了更为精细有效的企业公共外交活动。第三，混合所有制让中国企业公共外交工作的组织协调工作变得更加复杂。正是政治导向的企业公共外交特色使得中国政府在企业公共外交工作的开展中具有独特和不可替代的作用。

第五节　中国企业公共外交的不足与对策

在中国加快"一带一路"建设同时面临极度严峻的国际舆论形势下，中国企业公共外交却仍存在诸多不足，并面临着日益突出的矛盾，即对企业公共外交的急迫需求与企业参与公共外交动力的严重不足。这一突出矛盾导致中国政府层面的巨大公共外交投入难以落实，企业公共外交涣散无力。导致这一矛盾的根源在于企业经济自利本性决定了再好的公共外交战略战术都很难抵御住企业对短期、狭隘经济利益的追求。为此，在中国加快实施"一带一路"建设同时面临极度严峻的国际舆论的形势下，加强政府对企业公共外交的指导以保障企业公共外交有足够动力就尤显必要。

一、中国企业公共外交的不足

东道国的政治动乱、政策与法律变更、汇率波动、文化差异、合同条款履行等非市场风险曾对"走出去"的中资企业造成重大负面影响。如果说，这些"硬风险"可以通过恰当的策略予以应对的话，外界对中国实施"新殖民主义"的指责、实施"马歇尔计划"的怀疑和对中资企业"缺乏道德"的偏见构成了中资企业"走出去"极难克服的舆论"软风险"，极大地恶化了中国崛起与中资企业在"一带一路"投资经营的舆论环境。这些指责与偏见包括"掠夺资源论""占领市场论""传播中国模式论""污染环境论""玷污人权论"等。虽然这些指责与偏见经不起事实与时间的检验，但却对中国海外利益的扩展与中资企业的境外投资经营构成了舆论软约束，并对中国"一带一路"倡议直接造成了巨大负面影响。作者认为，中资企业面临的负面舆论环境既有外界的误解与偏见，也有来自中国自身发展模式与中资企业经营方式存在的问题，尤其是企业公共外交的缺失与失效是普遍原因。综合近年来典型的中资企业海外并购、投资、经营失败案例，作者认为，当前中国企业公共外交存在的突出问题表现在四方面：

（一）企业公共外交意识不强、参与不够

虽然中国实施"走出去"战略已经20来年，但中资企业总体上仍然处于"走出去"的初级阶段。这些"走出去"的企业普遍视野狭隘、目光短浅，习惯于市场的短平快"赚钱"思维，没有长期扎根的品牌意识，不能自觉意识到跨文化带来的非市场风险，因而不能自觉参与公共外交工作，不能自觉利用政治外交等非市场战略去化解日益复杂的非市场风险。

（二）企业公共外交行为零星分散、组织不够

近年来，中资企业在境外遭遇种种非市场风险之后，开始意识到公共外交工作的必要性。一些国企或部分民企开始自觉地开展公共外交工作，取得了部分效果。但这些零星分散的公共外交工作由于缺乏横向沟通协调而处于各自为战的状态，不仅没有形成公共外交合力，而且有时还经常相互矛盾、自我拆台，最后导致公共外交效果不好。民营企业公共外交工作更由于体制原因而处于极度缺乏组织的状态。

（三）其他公共外交形式对企业公共外交支持配合不够

虽然企业公共外交相对独立，但立体公共外交概念本身就表明，公共外交的各个主体虽然相对独立，但必然又是命运与共而难以独自行动的，而公共外交的政治使命正是将各个不同的行为主体紧密相连的胶合剂。受制于起步较晚、体制限制和观念滞后等诸多原因，中国政府公共外交过多地专注于宏观叙事，中国非政府组织外事参与极为有限，中国媒体对外传播能力相对不足，这导致企业公共外交工作处于上缺乏顶层设计、下缺乏横向配合的孤立无援的地步。

(四) 企业公共外交能力严重不够

全球化背景下的企业能力由生产能力、市场能力、管理能力和外交能力组成。而企业通常重视前三种能力而忽视外交能力建设。企业公共外交的实施依赖于企业开展有效外交尤其是公共外交的能力。企业公共外交能力是贯彻落实国家公共外交战略的有效抓手，没有足够强的公共外交能力，再好的公共外交顶层设计和公共外交战略都不能取得预期公共外交效果。而当前中资企业对公共外交的开展多数仍然停留在传统的对外宣传或危机公关层次，不能充分有效地开展与利益相关者的游说、说服工作。这是"走出去"的中资企业必须弥补的一课。

(五) 企业公共外交动力严重不够

从近年来中资企业"走出去"的诸多失败案例看，当前中国企业公共外交存在很多问题，例如，企业公共外交意识不强、企业公共外交行为缺乏协调、其他公共外交形式对企业公共外交支持配合不够、企业自身公共外交能力不够等。但对中国企业公共外交来说，当前最大的问题在于企业公共外交动力严重不足。尽管中国政府层面大力倡导、推进公共外交，但对于追逐经济利益或政治业绩的中国企业来说，企业公共外交始终没有受到企业的重视，难以在遵循公共外交的一般规律的基础上得到有效开展和长期坚持。动力严重不足构成了当前中国企业公共外交效果差强人意的总根源。企业公共外交本身就是一个矛盾的组合，以经济利益为最高目的的企业如何才能积极参与以外交使命为最高目的的公共外交呢？企业的使命在于经济利益的追求，而公共外交的使命在于国际形象的塑造，经济利益的追求与国际形象的塑造的不同步正是企业公共外交内在矛盾的总根源。

二、改进中国企业公共外交的基本路径与政策建议

作为一种外交形式，企业公共外交并不单纯是企业的行为，而是政府、企业与社会的共同责任。政府指导、企业主导、民间配合、双向对话是搞好企业公共外交的基本路径和基本方法。作为一种最终服务于国家利益的外交形式，政府指导是企业开展外交活动的必备前提；作为企业公共外交直接主体，企业主导是企业公共外交成功的根本基础；作为社会良心的代表，民间配合是企业公共外交取得效果的有效保障；作为信息、价值传播活动，双向对话是公共外交的本质，是公共外交的成功法宝。就当前中国企业公共外交而言，应主要从强化政府指导和企业主导入手提升企业公共外交效能。

（一）政府强化企业公共外交指导的具体举措

加强政府对企业公共外交的领导既是由中国特色社会主义政治经济体制决定的，也是严峻的国际舆论形势和松散的企业公共外交现实的迫切要求。政府对企业公共外交的领导主要表现为引导、督促和支持三个方面。

1. 加强引导

（1）战略引导：创设"海外安全顾问委员会"。政府在公共外交顶层设计中应按地区、国别制定公共外交总体战略，同时要充分考虑到企业公共外交的地位与作用。可以在国家安全委员会下创设"海外安全顾问委员会"，吸纳各方面的专家参与，强化海外安全与企业公共外交的统筹指导，提升企业公共外交的针对性、战略性。

（2）行为引导：制定《企业公共外交指南》。2009年外交部出

版的《海外中国公民文明指南》其中包括"海外中资企业机构文明指南"。2011年外交部推出了《中国企业海外安全风险防范指南》，其内容包括了"组织领导""员工选派和聘用""安全培训""风险评估""安全软环境建设""安保硬件投入""日常管理"和"应急管理"八个方面，涉及了企业安全的几乎所有方面，但没有突出企业公共外交。中国可以考虑单独出版一部《企业公共外交指南》，将企业开展公共外交的诸多基本原则、实施方法、注意事项涵盖进来，并通过政策法规、经费支持将企业公共外交规定为"走出去"企业的必修课。

（3）观念引导：营造浓厚的企业公共外交氛围。物质决定世界，观念改变世界。当前很多境外中资企业沿用国内方法或单纯的市场思维进行决策，根本没有意识到企业面临的非市场环境（如公众、媒体、NGO、反对派、宗教等），不会应用非市场战略去应对非市场风险。政府应该积极通过多管道的短期培训和长期宣传教育，在全社会营造浓厚的公共外交氛围，逐步培育企业的利益相关者思维和公共外交意识，真正让企业领导人认识到搞公共外交就是经营企业，最终让经济利益、社会效益同时同等地受到企业重视。

（4）利益引导。企业经济自利的本性决定了再好的公共外交战略都很难抵御住企业对短期、狭隘经济利益的追求。政府必须对积极实施公共外交的企业通过财政支持、税收减免、优惠贷款等方式予以利益转让。

2. 加强督促

（1）党委引领。适应"走出去"战略需要，各级党委应该迅速转变思维，扎根公众，积极承担起国际舆论引导的责任，为企业

"走出去"服务。为此,要及时转变国企党委的职能,充分发挥其对公共外交的领导、督促作用,要积极在"走出去"的民企建立党委、党小组等党团组织,让党委引领下的国际舆论工作在境外中资企业实现全覆盖。

(2)制定《境外中资企业社会责任指南》。通过国内法推进企业履行社会责任是西方国家惯用做法。例如,为了使美国企业在东道国的投资更具道德感,美国海外私人投资公司于2010年采用了世界银行的国际金融公司的标准,修改和完善了《环境与社会政策说明》,进一步强调了劳工权、人权保护以及在应对全球挑战方面的责任。中国企业较低的社会责任竞争力已经损害了中国国家形象并影响了中国企业的海外并购与海外经营。2013年2月商务部印发了《对外投资合作环境保护指南》,这是督促企业履行社会责任重要的进展。但企业社会责任涵盖的范围远不止环境保护,为此,中国政府可以考虑制定诸如《境外中资企业社会责任指南》之类的文件以涵盖更为宽泛的社会责任内容,以更加接近企业社会责任的国际标准。

(3)督促企业遵守国际道义规范。为了提升中资企业国际形象,中国政府要积极引导企业遵守各种国际组织、国际条约中的法律道义责任,提升企业道德感。

(4)适用国内法规。可以考虑将国内法律法规(如《环境保护法》等)灵活地适用于境外中资企业的经营活动,增加对企业行为的硬约束。

3. 加强支持

中央、各部委、地方政府、驻外使领馆要树立外交服务于经济的中心思想,积极推进经济外交,切实为企业做好服务促进、风险保障等"后勤"工作。中国要大力培育中国自己的中介机构和培训机构,为企业提供法律、会计、审计、风险评估以及其他专业技术支持,促进企业做好尽职调查、风险评估;要通过国家财政支持在适当部门指导下委托有资质企业利用现代大数据技术尽快开发大型安全风险信息平台为企业提供全面、动态、权威的情报交流、信息获取途径;要对积极实施公共外交的企业进行财政补贴、优惠贷款或减税;要积极引导、支持NGO"走出去"为企业敲边鼓。

(二) 企业必须切实提升企业公共外交能力

全球化背景下的企业能力由生产能力、市场能力、管理能力和外交能力组成。而企业通常重视前三种能力而忽视外交能力建设。企业公共外交的实施依赖于企业开展有效公共外交的能力。企业外交能力是贯彻落实国家公共外交战略的有效抓手。

1. 外交对象网状化,提升网状外交能力

企业外交能力由专业国际组织交往能力、政治组织交往能力、NGO交往能力与媒体交往能力组成。中国企业要积极参与各种专业性国际组织,并争取进入各种专业国际组织的领导层(如理事、常务理事、副主席、主席等)参与规则制定。中国企业善于与政府打交道,但必须避免单走上层路线,除了当地政府,还应该同时与议会、工会、民众、媒体、NGO、行业协会等普遍建立人脉关系,广交朋友,提升网络化外交能力。

2. 外交行为理性化,提升企业外交接纳度

企业尤其是国企在与各种对象打交道时,必须学会沟通对话,以平等、包容、理性的方式进行,避免单向宣传、强加于人;必须

避免追求轰动效应，要持之以恒。

3. 外交团队专业化，提升企业公共外交执行力

培育一批懂语言、通国情、晓规则、会沟通的国际化专业化的"企业外交官"团队，进行海外风险识别、前期预警、政治游说、媒体沟通等非市场战略工作。企业应该硬性安排预算经费予以支持。

4. 外交传播现代化，提升企业文化形象

企业应该充分利用东道国报纸、杂志、广播、电视等传统媒体和微博、博客、微信等新兴媒体将企业社会责任、经济贡献等广泛地有效地传播开，提升企业文化形象。

第四章

多边公共外交与"一带一路"倡议的国际传播

"一带一路"倡议的国际传播是我国"一带一路"建设的重要内容之一，推动"一带一路"政策沟通、设施联通、贸易畅通、资金融通、民心相通。"五通"之中"民心相通"是推动"一带一路"国际合作深入发展的重要基础。2016年12月5日，中央全面深化改革领导小组第三十次会议审议通过了《关于加强"一带一路"软力量建设的指导意见》，会议指出："软力量是'一带一路'建设的重要助推器。要加强总体谋划和统筹协调，坚持陆海统筹、内外统筹、政企统筹，加强理论研究和话语体系建设，推进舆论宣传和舆论引导工作，加强国际传播能力建设，为'一带一路'建设提供有力的理论支撑、舆论支持、文化条件。"[①] 自2013年以来，"一带一路"倡议受到了沿线国家和国际舆论的高度关注，得到了越来越多国家和国际组织的积极响应。截至2021年1月，中国已经与171个国

[①] 新华社. 习近平主持召开中央全面深化改革领导小组第三十次会议 [EB/OL]. (2016-12-05) [2019-10-03]. http://www.xinhuanet.com/politics/2016-12/05/c_1120058658.htm.

家、31个国际组织签署了205份共建"一带一路"方面的合作文件。①"一带一路"倡议及其核心理念还被纳入联合国、上海合作组织等重要国际机制成果文件。但不容忽视的是，目前国际社会和"一带一路"沿线国家对中国的"一带一路"倡议仍然存在诸多误解和疑虑，在"一带一路"推进落实过程中也始终夹杂着诸多质疑甚至反对的声音，一些西方媒体对"一带一路"倡议进行了歪曲式、挑拨式的报道和解读，大肆渲染、鼓吹"中国威胁论"，将"一带一路"倡议视为中国版的"马歇尔计划"，人为地赋予"一带一路"倡议浓厚的意识形态和政治色彩，这将严重制约和影响"一带一路"建设的进程和成效。因此，如何消除国际社会的疑虑、误解，获得广泛的国际认同与深厚的社会民意基础将成为"一带一路"倡议成败的关键。面对国际社会和"一带一路"沿线各国对"一带一路"倡议的误解、疑虑甚至抹黑反对，公共外交作为一种改变国际公众心目中一国国家形象定位、培养国外公众对一国好感的外交方式，应该充分发挥公共外交在"一带一路"建设中的作用。基于此，未来中国可以借助联合国、上海合作组织等多边平台，围绕"一带一路"建设积极开展和实施以传播丝路文化、传递丝路友谊、讲好丝路故事、弘扬丝路精神为内涵的"一带一路"公共外交，通过多种手段和途径向"一带一路"沿线各国公众全面、准确地展示和传播"一带一路"倡议，以增进国际社会对"一带一路"倡议的理解、信任和支持，为高质量推进"一带一路"营造良好的国际舆论环境，夯实"一带一路"的民意基础。从全球和地区的视角来看，中国正

---

① 一带一路网. 我国已签署共建"一带一路"合作文件205份［EB/OL］.（2021-01-30）［2021-02-01］. http：//www.zgydyl.org/Home/News/view/id/20803.

在发展中的"一带一路"建设需要与世界各国进行经济文化上的互动与沟通,通过多渠道、多途径增强"一带一路"倡议在国际社会的影响力与传播力。在具体行动上,中国正在深化与全球和地区国际组织的合作,协商和共建"一带一路",推动形成国际组织合作共识,增强"一带一路"软实力,推进"一带一路"建设行稳致远。

在全球化时代,国际组织作为承载主权国家国际交流与合作的一种形式,其公共外交功能和影响日益凸显。国际组织是特定国家与国际公众沟通联系、影响国际舆论的重要桥梁,借助国际组织开展公共外交有助于国家塑造良好的对外形象。我国是许多国际组织的创始成员国。在推进"一带一路"建设进程中,国际组织的作用越来越突出。不同类型和功能的国际组织能够参与"一带一路"建设的空间十分广阔。据统计,"一带一路"沿线国家国际组织总部的数量高达 164 个,其中政府间国际组织的总部数量为 47 个,非政府间国际组织的总部数量为 117 个,世界性国际组织的总部数量为 16 个,地区性国际组织总部数量为 38 个。[1] 作为中国推进"一带一路"和传播国际形象的重要平台,国际组织对"一带一路"建设的作用很大。因此,"一带一路"建设的推进需要利用好现有的国际组织,使其发挥更大的建设性作用。2019 年 4 月 26 日,习近平主席在第二届"一带一路"国际合作高峰论坛开幕式上明确指出,共建"一带一路"倡议同联合国、上海合作组织、东盟、非盟、欧盟、欧亚经济联盟等国际和地区组织的发展和合作规划对接。目前,我国"一带一路"倡议正在进入快速发展阶段,多边推进正在成为"一

---

[1] 李小月,王士君,浩飞龙,等."一带一路"沿线国家国际组织总部时空分布研究[J]. 资源开发与市场,2019(12):1504.

带一路"建设的新思路和新路径,以联合国、上海合作组织为代表的多边机制也正在成为高质量推进"一带一路"建设进程中构塑中国形象、优化软环境、增强软实力的重要渠道。

第一节　联合国与"一带一路"倡议的国际传播

联合国作为当今世界最具权威性、代表性和普遍性的政府间国际组织,在维护国际和平与安全、推动共同发展、保障人权等方面发挥着不可替代的重要作用,已经成为新时代中国开展特色多边外交的重要平台和抓手。联合国作为一个外交大舞台,通过该平台可以向国际社会传达中国在和平、发展、人权等领域所做出的贡献,也有利于缓解国际社会对中国崛起的疑虑和担忧,更好地展示中国在国际社会中负责任的大国形象。

中国提出的"一带一路"倡议与联合国所秉持的理念高度契合。联合国秘书长古特雷斯曾指出:"一带一路"倡议不仅涉及经济合作,也是旨在通过经济合作改善世界经济的发展模式,是使全球化更加健康、进而推动国家治理和全球治理的重要路径。[1]"一带一路"倡议提出 8 年多来,这一倡议不仅赢得越来越多国家的理解和积极响应,也得到了联合国的鼎力支持,并写入了联合国相关决议文件。2015 年 9 月,习近平主席在联合国发展峰会上宣布,中国愿

---

[1] 新华网. 一带一路倡议是探索全球治理模式的新平台——海外人士谈"一带一路"倡议提出 5 周年 [EB/OL]. (2018-10-03) [2019-10-13]. http://www.xinhuanet.com/world/2018-10/03/c_1123517242.htm.

意同有关各方一道，继续推进"一带一路"建设。联合国安理会和大会先后通过决议，表示对"一带一路"倡议的支持。联合国、世界银行、国际货币基金组织、世界卫生组织、联合国教科文组织等国际组织领导人也多次表达了对"一带一路"的赞赏和支持。中国提出的"一带一路"倡议，唱响联合国舞台，转化为国际共识，得到所有会员国的认可和支持，充分表明"一带一路"倡议与联合国当前工作和未来发展方向高度吻合，与联合国所承载的多边主义精神高度契合，与联合国会员国的共同利益高度契合。联合国作为"一带一路"建设的重要伙伴，走在国际多边机构参与"一带一路"建设的前列，相关合作取得了实实在在的成果，在推动"一带一路"成为国际共识过程中发挥了重要作用。

一、"一带一路"倡议借助联合国成为全球共识

"一带一路"倡议先后被写入联合国大会、安理会、人权理事会等相关决议文件，"一带一路"的合作精神成为名副其实的全球共识，为"一带一路"倡议的实施营造良好的国际舆论环境。

联合国是国际社会中最具代表性、普遍性和权威性的政府间国际组织，相关决议和文件一旦将"一带一路"纳入其工作规划，"一带一路"将自动获得成员国的认可和配合，联合国各会员国也有义务为"一带一路"的推进提供便利和帮助，进一步深化了共建"一带一路"的政治共识。自2016年以来，"一带一路"多次载入联合国安理会和大会的决议文件（见表2），内容涵盖互联互通、产能、安全、人文、人权等各领域。2016年3月17日，联合国安理会通过第2274（2016）号决议，呼吁加强区域合作进程，包括落实

"一带一路"等区域发展举措。① 2016年4月26日,中国与联合国亚洲及太平洋经济社会委员会签署《中华人民共和国外交部和联合国亚洲及太平洋经济社会委员会关于推进"一带一路"倡议和2030年可持续发展议程的谅解备忘录》,该文件纳入第二届"一带一路"国际合作高峰论坛发布的成果清单,双方将共同规划推进互联互通和"一带一路"的具体行动,推动沿线各国政策对接和务实合作,这也是我国与国际组织签署的首份"一带一路"合作文件。

2016年9月20日,中国政府与联合国开发计划署在纽约签署关于共同推进"一带一路"建设的谅解备忘录,这是中国政府与国际组织签署的第一份共建"一带一路"的谅解备忘录,这是国际组织参与"一带一路"建设的一大创新。② 2016年11月,联合国大会首次在决议中写入"一带一路"倡议,呼吁国际社会为"一带一路"建设提供安全保障环境,该决议得到了193个会员国的一致赞同。③ 2016年11月10日,联合国副秘书长特格涅沃克·格图表示"一带一路"倡议是全球治理的一种新趋势。近年来,中国与联合国系统在"一带一路"框架中的合作成果丰硕,进展超出预期。2017年3月17日。联合国安理会一致通过了第2344(2017)号决议,再次敦促各方为"一带一路"建设提供安全保障环境、加强发展战略对接、推进互联互通务实合作,呼吁各国推进"一带一路"建设,并首次载入"构建人类命运共同体"理念。载入安理会决议为"一带

---

① 联合国. 联合国安理会第2274(2016)号决议,S/RES/2274(2016)[EB/OL]. (2016-03-17)[2019-11-20]. https://undocs.org/zh/S/RES/2274(2016).
② 新华网. 中国政府与国际组织签署首个政府间共建"一带一路"谅解备忘录[EB/OL]. (2016-09-21)[2020-06-11]. http://www.xinhuanet.com/mrdx/2016-09/21/c_135701614.htm.
③ 刘结一. 一带一路唱响联合国舞台[N]. 人民日报,2016-12-08(3).

<<< 第四章 多边公共外交与"一带一路"倡议的国际传播

一路"倡议的推进实施提供了坚实的法律基础,截至 2021 年 1 月,中国已经与 171 个国家、31 个国际组织签署了 205 份共建"一带一路"方面的合作文件。2019 年 5 月 24 日,联合国大会将中国国家主席在第二届"一带一路"国际合作高峰论坛开幕式上的主旨演讲以及圆桌峰会联合公报作为联合国大会正式文件进行散发。① 作为最具代表性、普遍性和权威性的国际组织,联合国近年来多次将"一带一路"写入官方文件,彰显了国际社会对"一带一路"倡议的广泛认同和积极响应。

表 2 "一带一路"倡议写入联合国相关决议或文件情况

（截至 2020 年底）

时间	联合国决议或文件	主要内容
2016 年 3 月 17 日	联合国安理会通过第 S/2274 号决议	呼吁加强区域合作进程,包括落实"一带一路"等区域发展举措
2016 年 4 月 26 日	中国与联合国亚洲及太平洋经济社会委员会签署意向书	共同规划推进互联互通和"一带一路"具体行动
2016 年 9 月 20 日	中国与联合国开发计划署签署关于共同推进"一带一路"建设的谅解备忘录	中国与国际组织签署的第一份共建"一带一路"的谅解备忘录
2016 年 11 月 7 日	第 71 届联大通过关于阿富汗问题第 A/71/9 号决议	呼吁国际社会进一步凝聚援阿共识,敦促各方通过"一带一路"倡议等加强阿富汗及地区经济发展,呼吁国际社会为"一带一路"倡议建设提供安全保障环境

① 新华网. 联合国大会将第二届"一带一路"国际合作高峰论坛成果文件作为正式文件散发［EB/OL］.（2019-05-25）［2020-10-05］. http：//www. xinhuanet. com/world/2019-05/25/c_1124540800. htm？utm_source=UfqiNews.

139

续表

时间	联合国决议或文件	主要内容
2017年1月18日	中国与世界卫生组织签署"一带一路"合作协议	携手打造"健康丝绸之路"
2017年3月17日	联合国安理会通过第2344号决议	首次载入"人类命运共同体"理念，呼吁通过"一带一路"建设等加强区域经济合作
2017年5月20日	联合国亚太经社会通过"加强全面无缝互联互通促进亚太可持续发展"决议	要求亚太经社会秘书处为继续落实"一带一路"倡议提供支持
2017年9月22日	中国同联合国经济和社会事务部签署了关于"一带一路"倡议的谅解备忘录	将"共商、共建、共享"原则写入"联合国与全球经济治理"决议
2018年3月23日	联合国人权理事会第37届会议通过"在人权领域促进合作共赢"决议	提出构建"相互尊重、公平正义、合作共赢的新型国际关系，构建人类命运共同体。"
2019年4月26日	国务委员兼外交部部长王毅与联合国亚太经社会执行秘书阿里沙赫巴纳在北京签署《中华人民共和国外交部和联合国亚洲及太平洋经社委员会关于推进"一带一路"倡议和2030年可持续发展议程谅解备忘录》	中国与亚太经社会将在基础设施、交通运输、贸易、能源、创新等领域开展合作，充分发掘"一带一路"倡议对落实2030年可持续发展议程的潜力

资料来源：作者根据互联网资料整理。

二、"一带一路"倡议借助联合国加速推进

"一带一路"倡议充分发挥联合国体系的平台作用，利用联合国专门机构推动"一带一路"倡议合作机制创新，使"一带一路"建

设项目和行动在多边机制下进行专业化操作和本土化推进。

联合国体系内有18个专门机构，它们在经济、文化、社会、科学、卫生等专门领域从事国际活动。"一带一路"倡议不局限于经济贸易和投资项目，还包括大量的文化教育、科学卫生、环境保护、文明对话等交流活动，这些均需要与联合国框架下的专门机构开展合作，使那些具有普遍价值和全球意义的项目和行动在多边框架下进行专业化操作和本土化推进。在"一带一路"推进过程中，与这些专门机构合作共建，有利于探索多样化和专业化的合作路径。"一带一路"倡议开创了国际合作和全球治理的新模式，中国还与联合国签署了一系列合作共建"一带一路"的文件。目前，中国已经同联合国开发计划署、联合国工发组织、联合国人类住区规划署、联合国儿童基金会、联合国教科文组织、联合国贸易与发展会议、联合国文明联盟、世界粮食计划署、联合国人口基金、世界卫生组织、国际刑警组织、世界知识产权组织、世界经济论坛、国际电信联盟、国际民航组织、世界气象组织、国际海事组织等签署"一带一路"合作文件或备忘录。2016年4月，中国外交部与联合国亚太经社理事会在北京签署《关于推进地区互联互通和"一带一路"倡议的意向书》，双方共同规划推进互联互通和"一带一路"的具体行动，推动沿线各国政策对接和务实合作。这是我国与国际组织签署的首份"一带一路"合作文件。2016年9月，国家发改委与联合国开发计划署在纽约签署《关于共同推进丝绸之路经济带和21世纪海上丝绸之路建设的谅解备忘录》，这是国际组织参与"一带一路"建设的一大创新。2016年11月10日，联合国开发计划署助理署长徐浩良表示，联合国开发计划署愿意通过联合国可持续发展的平台积极推介"一带一路"建设,促进"一带一路"建设更好实现区域经济繁荣发展的愿景。联合国开发计划署署长海伦·克拉克和中国国别处副主任赫夫曼都对"一带一路"倡议在减贫、增强环境可持续性、包容性社会发展方面取得的积极成果给予积极评价。此外,在2017年1月,世界卫生组织与中国签署了"一带一路"卫生领域合作谅解备忘录等合作文件。由于世界卫生组织与"一带一路"倡议在健康和人文交流等领域发展理念相契合,世界卫生组织总干事陈冯富珍表示期待世界卫生组织在"一带一路"倡议的框架下与中国开展合作。2017年5月13日,国家卫生计划委员会与世界卫生组织在北京签署《中华人民共和国政府与世界卫生组织关于"一带一路"卫生领域合作的执行计划》,双方将加强合作,以全面提升中国同"一带一路"沿线国家人民健康水平,携手打造"健康丝绸之路"。2020年6月22日,联合国人权理事会通过中国提交的"在人权领域促进合作共赢"决议。① 该决议倡导多边主义,呼吁构建相互尊重、公平正义、合作共赢的新型国际关系,构建人类命运共同体,强调各国应在人权领域开展真诚对话与合作,分享促进和保护人权的良好做法和经验,加强人权技术援助和能力建设,实现合作共赢。与双边合作相比,多边推进有利于整体推进并能获得国际社会的普遍支持。② 可见,在联合国各专门机构多边推动已经成为"一带一路"建设的新思路和新路径。

---

① 中华人民共和国中央人民政府网.联合国人权理事会再次通过中国提交的"在人权领域促进合作共赢"决议[R/OL].(2020-06-23)[2020-07-15].http://www.gov.cn/xinwen/2020-06/23/content_5521173.htm.
② 国际在线.张贵洪:"多边推进是'一带一路'的新路径"[EB/OL].(2016-11-23)[2019-09-21].http://news.cri.cn/20161123/3ea3a27e-32ac-a987-f529-dbf22fdb1ff7.html.

三、"一带一路"倡议借助联合国提升话语权

要把"一带一路"从"中国倡议"转化为一项"国际议程",提升中国的国际形象和国际话语权,必须高度借助联合国这一最具权威的多边平台。

"一带一路"是中国提出的一项倡议,也是中国为国际社会提供的一项国际公共产品,这一倡议和联合国当前工作及未来发展方向高度契合,与联合国会员国的共同利益高度契合。通过与联合国等多边机构开展合作,有利于将"一带一路"倡议转型升级为国际议程,通过多边化实现合法化。① "一带一路"倡议提出八年来,中国从中央到地方成立了"一带一路"建设工作领导小组,出台了许多推进"一带一路"建设的文件,在"五通"方面启动了大量的项目、工程和活动。与联合国合作共建,把"一带一路"纳入联合国发展战略和工作规划,有利于把"一带一路"转化为联合国成员国共同参与和推动的"国际议程"。

在发展议题领域,"一带一路"倡议与2030年可持续发展议程理念相通、目标一致,相互对接有助于中国与沿线国家增信释疑,增强"一带一路"倡议的国际吸引力,帮助中国在新的国际发展治理体系中获得更多话语权和影响力。近年来,中国在减贫、卫生、教育等多个领域取得了举世瞩目的伟大成就,同时为其他发展中国

---

① 张贵洪. 中国、联合国合作与"一带一路"的多边推进[J]. 复旦学报(社会科学版),2020(5):170.

家落实千年发展目标做出了力所能及的贡献。① 2030 年可持续发展议程的启动，为中国深入实施"一带一路"倡议提供了难得的历史机遇。作为国际发展合作的一个开放和包容的新型平台，可以为落实联合国 2030 年可持续发展议程和实现可持续发展目标做出重大贡献。

2015 年 9 月，联合国发展峰会通过 2030 年可持续发展议程，该议程为全球经济、社会和环境这三个维度平衡和可持续发展设定了 17 个可持续发展目标和 169 项具体目标，确定了未来 15 年国际社会共同发展的蓝图。2030 年可持续发展议程是联合国 193 个会员国共同达成的一项成果文件，其重点在于：消除贫困和饥饿，促进经济增长；全面推进社会进步，维护公平正义；加强生态文明建设，促进可持续发展。联合国可以充当"一带一路"和其他可持续发展项目之间的桥梁，以便最大限度利用增效作用，促进"一带一路"沿线国家间的对话。中国外交部在 2013 年 9 月和 2015 年 5 月公布的两份有关 2030 年可持续发展议程的政策立场文件也都提出要建立更加平等均衡的全球发展伙伴关系。② 习近平主席在峰会上宣布，中国愿意同有关各方一道，继续推进"一带一路"建设。中国将以落实发展议程为己任，推动全球发展事业不断向前发展。"一带一路"倡议确定的政策沟通、设施联通、贸易畅通、资金融通、民心相通五大国际合作方向，与 2030 年可持续发展议程 17 项可持续发展目标

---

① 吴红波. 2015 年后的国际发展合作——联合国的视角 [J]. 国际展望，2013 (3): 7.
② 外交部网站. 2015 年后发展议程中方立场文件 [R/OL]. (2013-09-22) [2019-03-20]. http://switzerlandemb.fmprc.gov.cn/web/ziliao_674904/tytj_674911/zcwj_674915/t1263453.shtml.

紧密相关。中国作为一个负责任的发展中大国，这些年为解决全球性问题提供了诸多世界性解决方案，并且早在联合国通过"2030年可持续发展议程"的前两年，就已经向世界提出了"一带一路"倡议。越来越多的国际组织希望中国的"一带一路"倡议能在推动全球可持续发展方面发挥积极作用。

在联合国成立70周年系列峰会上，中国领导人已经对此作出重要承诺并不断付诸实践。2015年9月，习近平主席在联合国宣布中国设立"南南合作援助基金"，首期将投入20亿美元，用以支持发展中国家在南南合作框架下实现联合国2030年可持续发展目标。[①]在2017年5月的"一带一路"国际合作高峰论坛上，习近平主席又宣布为南南合作基金增资10亿美元，用于发起中国—联合国2030年可持续发展议程合作倡议，支持在沿线国家实施100个"幸福家园"、100个"爱心助困"、100个"康复助医"等项目，我们将向有关国际组织提供10亿美元落实一批惠及沿线国家的合作项目。[②]

中国发布的2018年第73届联合国大会立场文件也强调，"一带一路"倡议与《2030年可持续发展议程》在目标、理念、实施路径等方面高度契合，表示中国将继续推进"一带一路"倡议与《2030年可持续发展议程》对接，并通过南南合作、共建"一带一路"等方式，为其他发展中国家落实《2030年可持续发展议程》提供有力支持。联合国秘书长古特雷斯在"一带一路"高峰论坛开幕式上表

---

① 新华网. 习近平出席联合国发展峰会并发表重要讲话 [EB/OL]. （2015-09-27）[2019-11-25]. http://www.xinhuanet.com/world/2015-09/27/c_1116687800.htm.
② 新华网. 携手推进"一带一路"建设——在"一带一路"国际合作高峰论坛开幕式上的演讲 [EB/OL]. （2017-05-04）[2019-07-15]. http://www.xinhuanet.com/politics/2017-05/14/c_1120969677.htm.

示:"一带一路"倡议和"2030年可持续发展议程"都将可持续发展作为长远目标。两者都支持提供全球公共产品,提倡合作共赢。① 可见,"一带一路"倡议与联合国所推动的国际和平与发展议程之间已经建立起联系。

在和平议程领域,"一带一路"倡议具有和平属性及扩大国际和平合作的延展性,在许多方面可与联合国主导的维持和平、建设和平、预防冲突等国际多边议程对接,为促进国际和平事业做出贡献。"一带一路"倡议提出以来,中国对促进国际和平作出了相关承诺,提出了将"一带一路"建设成"和平之路"的若干措施。2016年3月,联合国安理会第2274号决议首次纳入"一带一路"倡议。之后在第71届联大会议上,联合国193个成员国一致赞同将"一带一路"倡议载入联大决议,呼吁国际社会为开展"一带一路"建设提供安全保障环境。在2017年"一带一路"国际合作高峰论坛上,习近平主席在演讲中提出将"一带一路"建设成"和平之路、繁荣之路、开放之路、文明之路",阐明了"一带一路"倡议的和平涵义。② 从项目参与国家来看,一些"一带一路"参与国或沿线国目前也是联合国维持和平行动和建设和平项目的所在国,如缅甸、黎巴嫩、也门、塞浦路斯、埃及、斯里兰卡、波黑等。还有一些是联合国和平议程关注的冲突后或冲突中国家,如伊拉克、叙利亚、阿富汗等。中国可以借助联合国平台,将发展、和平等议程进行有效

---

① 联合国驻华系统. 联合国秘书长古特雷斯出席"一带一路"国际合作高峰论坛[EB/OL]. [2021-07-15]. http://cn.un.org.cn/info/6/945.html.

② 新华网. 习近平:"携手推进'一带一路'建设——在'一带一路'国际合作高峰论坛开幕式上的演讲"[EB/OL]. (2017-05-14) [2019-09-11]. http://www.xinhuanet.com/politics/2017-05/14/c_1120969677.htm.

衔接，与沿线各国携手将"一带一路"建成"和平之路、繁荣之路、开放之路、文明之路"。

从国际层面来看，在全球化时代，和平议程与发展议程之间的联系不断增强，甚至出现联动趋势，"一带一路"在与国际可持续发展议程对接的同时，也建立起与国际和平议程之间的联系。联合国在华驻地协调员及开发署中国代表也强调，鉴于和平与发展相辅相成的性质，"一带一路"倡议可以成为"实现联合国可持续发展目标和维持和平与发展的加速器"。[1] 联合国开发计划署肯定了"一带一路"与冲突预防、建设和平之间相辅相成的积极意义，认同"发展合作对维持和平作出的巨大贡献"，相信通过包容性、可持续的投资和人与人之间的合作纽带、建立地方的恢复能力、创造发展机会，是防止社会陷入危机的一种有效的解决办法。因此，自"一带一路"倡议提出以来，中国不仅明确表达了坚持和平合作原则和"建设和平之路"的意愿，也在实践上不断探索，使"一带一路"与国际和平议程对接的前景更加广阔。

从中国的角度来看，加强"一带一路"倡议与国际和平议程的对接、合作，是中国支持国际和平与发展议程的体现，是"一带一路"建设对国际和平事业的贡献。联合国的2030年可持续发展议程和"一带一路"倡议从理念、目标以及对最终消除全球和平赤字、发展赤字和治理赤字的预期影响都是高度契合的。

---

[1] Nicholas Rosellini and Laurence Braha. Peace and Development with the Belt and Road Initiative [N]. China Daily, 2018-02-09.

四、"一带一路"倡议借助联合国推动南南合作

在联合国主导的南南合作理念和原则引领下将"中国经验""中国方案"和"中国价值"等无形资产与沿线广大发展中国家共享,使"一带一路"建设获得沿线广大发展中国家的认同与支持,将"一带一路"建设打造成中国与发展中国家南南合作的典范。

南南合作是发展中国家在经济、技术、贸易等多领域的合作,是发展中国家自力更生、谋求发展的重要途径,也是确保发展中国家参与国际体系的有效平台。南南合作至今已经走过半个多世纪的发展历程,成为促进发展中国家多边合作不可或缺的重要组成部分。① 中国一直将自己视为发展中国家的重要一员,支持、参与和推动南南合作是中国对外关系的重要组成部分。长期以来,中国本着"平等互利、注重实效、长期合作、共同发展"的原则,通过实际行动和不断创新合作模式,在南南合作中扮演着重要推动者角色。"一带一路"沿线的东南亚、南亚、中亚、西亚、北非、中东欧大部分国家均为发展中国家,建设"丝绸之路经济带"与"21世纪海上丝绸之路"无疑是探索中国与广大发展中国家南南合作新模式的战略构想与实践。在"一带一路"倡议的推进过程中,包括项目、技术的开展,将形成一系列成果、经验、方案。中国适时、择机通过举办全球南南发展博览会、峰会、论坛、研讨会等形式,以"一带一路"建设为主题,以经济、旅游、环境、卫生、城市、文化等为议题,邀请政、学、商,以及国际组织和非政府组织代表,集中和

---

① 张贵洪,邱昌情."一带一路"建设与南南合作创新[J].复旦国际关系评论,2015(1):7.

系统地就"一带一路"建设和发展交流经验、展示成果,为沿线各国提供一个超越传统西方视野的跨国交流渠道。正如时任联合国南南合作办公室主任、联合国秘书长南南合作特使周一平指出的,"一带一路"建设将为沿线60多个国家和地区的人民带来新的发展机遇,是第三世界的发展新政。① 2015年4月,在印度尼西亚雅加达召开的亚非领导人会议和万隆会议60周年纪念活动系列会议,其主题就是"加强南南合作,促进世界和平繁荣",会议通过了发展中国家相互帮助的"南南合作"加强经济合作的文件声明。2015年中国与联合国共同主办的"南南合作圆桌会"提出要把"一带一路"打造成"南南合作的高质量旗舰项目"。② 因此,在推进"一带一路"建设和拓展南南合作的过程中,可以将"中国经验""中国方案"和"中国价值"等无形资产与沿线广大发展中国家共享,突出向沿线发展中国家提供国际公共产品的功能,推动"一带一路"倡议成为中国与广大发展中国家合作的共识,有助于"一带一路"建设成果的共享与中国的国家形象传播。

"一带一路"沿线国家或地区大多数是发展中国家,具有鲜明的南南合作特点。作为世界上最大的发展中国家,中国与其他发展中国家长期保持着相对友好的外交关系。中国的迅速发展为这些国家提供了新的发展思路和参考模式,中国多年来提供的对外援助及合作项目促进互利共赢,中国领导人提出的"一带一路"倡议更是为沿线发展中国家提供了更多的发展机遇。联合国秘书长南南合作特

---

① 习主席战略思想是第三世界发展新政——联合国秘书长南南合作特使周一平访谈[J]. 管理观察,2015(5):14.
② 新华网. 南南合作圆桌会共同主席新闻公报[EB/OL]. (2015-09-27)[2019-06-04]. http://www.xinhuanet.com/world/2015-09/27/c_1116689627.htm.

149

使、联合国南南合作办公室主任豪尔赫·切迪克在接受专访时说，联合国高度赞赏中国通过"一带一路"倡议引领南南合作，这一倡议本身就是南南合作领域非常重要的合作方案。① 作为南南合作的主角之一，中国引领南南合作集中体现在"一带一路"建设上，这已经成为国际社会的共识，也是"一带一路"写入联合国相关决议的重要原因之一。"一带一路"倡议提出以来，中国一直在致力于将自身发展的有益经验与"一带一路"沿线广大发展中国家分享。在此背景下，2017年12月，中国农业大学设立了"一带一路农业合作学院"，并与西北农林科技大学联合发起了"中国南南农业合作学院"。自2018年开始，"一带一路农业合作学院"与联合国南南合作办公室、世界银行、联合国粮农组织、世界粮食计划署等多个战略合作伙伴共同发起了"一带一路"/南南合作农业青年领袖计划，旨在提升"一带一路"沿线发展中国家青年领袖的全球视野、领导力和实地经验，助力缩小全球发展差距。2018年8月，该计划成功举行第一期培训，来自非洲近20个国家农业部门的30名青年参加了为期一周的强化培训与实地考察，还参加了"中非青年发展与减贫对话"。为响应习近平主席在联合国成立70周年系列活动提出设立南南合作与发展学院的呼吁，2016年4月29日，商务部会同教育部、财政部在北京大学设立了南南合作与发展学院。南南学院旨在打造全球最具吸引力的国家发展研究机构、最具潜力的发展中国家高端人才培养基地、最具活力的全球治理的交流平台，与其他发展

---

① 新华网. 专访："一带一路"倡议已成为南南合作典范——访联合国秘书长南南合作特使、联合国南南合作办公室主任豪尔赫. 切迪克［EB/OL］. （2017-05-09）［2019-06-07］. http：//www. xinhuanet. com/2017/05/09/c_ 1120942413. htm.

中国家分享国家发展的知识和理念,加强国际合作,促进公平、包容、可持续发展。

尽管联合国倡导的南南合作与中国倡导的"一带一路"起点不同,但面临诸多共同课题,可以实现互补和相互支持。"一带一路"建设将有效地加强、深化、充实和创新南南合作,而南南合作也可以为"一带一路"建设提供经验。未来中国将以广大发展中国家为战略依托,运用联合国与南南合作的多边框架和合作机制,将"一带一路"建设打造成中国与发展中国家南南合作的典范。

五、"一带一路"倡议借助联合国推动文化交流

促进文明对话与文化交流是"一带一路"倡议的重要内涵之一。"一带一路"倡议以文明的互鉴超越文明冲突,推动沿线各国相互尊重、民主协商和共同决策,开创了多元文明交融的新路径。2014年,中国国家主席习近平在访问联合国教科文组织总部时发表演讲,指出"文明是多彩的,人类文明因多样才有交流互鉴的价值""文明是平等的,人类文明因平等才有交流互鉴的前提""文明是包容的,人类文明因包容才有交流互鉴的动力",强调应该推动不同文明相互尊重、和谐共处,让文明交流互鉴成为增进各国人民友谊的桥梁、推动人类社会进步的动力、维护世界和平的纽带。[①] 目前,联合国教科文组织正在开展"丝绸之路网上平台"旗舰项目,希望重新激活古代丝绸之路上的文明对话。在落实"一带一路"建设实践中,不乏中国与联合国相关机构有关青少年的合作项目和倡议。

[①] 新华网. 习近平在联合国教科文组织总部发表演讲 [EB/OL]. (2014-03-27) [2010-08-30]. http://www.gov.cn/xinwen/2014-03/28/content_2648458.htm.

2018年3月，中国国际发展知识中心与联合国儿童基金会驻华办事处宣布建立合作关系，研究和倡导促进"一带一路"沿线国家儿童发展方案。双方主要合作内容包括：通过国别方案总结相关经验，监测"一带一路"沿线国家儿童事业的进展，制定符合国际标准的指标框架。2019年，中国发改委与联合国儿童基金会共同发起沿线国家"关爱儿童、共享发展，促进可持续发展目标实现"合作倡议。2019年5月，亚洲文明对话大会期间，中国教育部与联合国教科文组织签署《丝绸之路青年学者资助计划信托基金协议》，中国将提供100万美元资助35岁以下各国青年学者进行丝绸之路学术研究和交流，这是中国与联合国教科文组织合作设立的第一个社科领域国际学术资助项目。

未来中国与联合国的合作将不断实质化、具体化，与"一带一路"沿线国家携手共同促进发展、应对挑战。联合国秘书长古特雷斯曾多次指出，全球性问题需要全球性的解决方案，多边主义是解决全球性问题的基石。"一带一路"是中国为解决全球性问题提出的方案，这一"中国方案"与"联合国方案"在理念和原则上是一致的。"一带一路"是一项发展事业，目的是打造发展共同体，实现共同发展；"一带一路"也是一项和平倡议，即以人类命运共同体为理念，新型国际关系为路径，致力于推动发展和平。从长远来看，未来中国与联合国多边推进"一带一路"建设的前景广阔。

<<< 第四章 多边公共外交与"一带一路"倡议的国际传播

第二节 上海合作组织与"一带一路"倡议的国际传播

从地区层面来看,上海合作组织覆盖区域是"一带一路"沿线核心区域,上海合作组织较为完备的合作机制及安全、经济、人文三大领域的合作成果,为"一带一路"五通建设及其国际传播奠定了坚实基础。以共商、共建、共享为原则的"一带一路"倡议,对于上海合作组织成员国深化互利合作颇有助力。目前二者皆已进入发展新时代,互相提供发展新机遇,彼此借力,造福于上海合作组织与"一带一路"沿线国家人民,携手构建周边命运共同体。

上海合作组织(Shanghai Cooperation Organization,SCO)的前身是"上海五国"机制。1996年4月26日,中国和俄罗斯、哈萨克斯坦、吉尔吉斯斯坦、塔吉克斯坦四国在上海举行了首次元首会晤,建立了"上海五国"机制,旨在解决苏联遗留下来的历史问题,也是协调中国与后苏联空间关系的重要平台。"上海五国"机制在发展过程中充分体现了中国与中亚地区平等合作、互利互信,不仅维护了地区安全与稳定,同时进一步提升了中国与中亚各国之间的友好关系。2001年6月14日至15日,上海五国元首在上海举行第六次会晤,乌兹别克斯坦以完全平等的身份加入"上海五国",并共同签署了《上海合作组织成立宣言》,"上海五国"机制成长为上海合作组织。合作组织是由中国、哈萨克斯坦、俄罗斯等六国于2001年6月15日在中国上海宣布成立的永久性政府间国际组织。2002年,在上海合作组织圣彼得堡峰会上签订了《上海合作组织宪章》,规定了该组织的宗旨、原则、架构与活动方向。该文件于 2003 年 9 月 19 日生效。2017 年 6 月，印度和巴基斯坦被接纳为正式成员，实现了上海合作组织自 2001 年以来的首次扩员，标志着上海合作组织迈入新的历史发展阶段。① 扩员后，上海合作组织成员国总人口占欧亚大陆人口的 60%、世界人口的 44%，成为全球地域辽阔、人口最多的综合性地区组织。上海合作组织经过近 20 年的发展，致力于维护地区安全、加强经济合作，围绕二者推进平等对话和互利合作机制建设，在安全、经济、人文交流等领域成绩显著，在运作模式上已经形成了领导人峰会、部长级会晤、多层级别的官方会晤与合作机制。20 年来，国际形势瞬息万变，上海合作组织从安全"一枝独秀"到安全、经济、人文"三驾马车"多轮驱动，上海合作组织弘扬互信、互利、平等、协商、尊重多样文明、谋求共同发展的"上海精神"，架起了友谊连接之桥、铺就了心灵互通之路，树立了民心相通的上合典范。

"一带一路"自诞生之日起，就与上海合作组织有着紧密的联系。中亚地区作为"一带一路"建设所覆盖的核心地区，上海合作组织的成员国、观察员国和对话伙伴国基本上都是"一带一路"沿线国家，也是"一带一路"倡议的积极参与者和支持者，密切同上合组织国家的双边与多边合作是"一带一路"建设的重要内容。上海合作组织与"一带一路"建设发展理念相吻合。长期以来，上海合作组织发展对内遵循以互信、互利、平等、协商、尊重多样文明、

---

① 截至目前，上海合作组织拥有 8 个正式成员国：哈萨克斯坦、中国、吉尔吉斯斯坦、俄罗斯、塔吉克斯坦、乌兹别克斯坦、印度、巴基斯坦；4 个观察员国：阿富汗、白俄罗斯、伊朗和蒙古；6 个对话伙伴国：阿塞拜疆、亚美尼亚、柬埔寨、尼泊尔、土耳其、斯里兰卡。

谋求共同发展为内涵的"上海精神",对外奉行不结盟、不针对其他国家和地区及开放原则。而"一带一路"建设则秉持"和平合作、开放包容、互学互鉴、互利共赢"的思路精神,二者均是对构建新型国际关系和人类命运共同体的尝试,可以实现相互融合和相互促进。如今,随着"一带一路"建设的不断推进,地区国家间的人文交流蓬勃开展,为中国与上海合作组织成员国间的民心相通注入了新动力。

"上海精神"在促进区域认同与和谐区域建设的同时,也有助于"一带一路"五通建设。丝路精神在推动上海合作组织国家共同繁荣、增强上海合作组织凝聚力方面也起到重要作用。目前上海合作组织与"一带一路"建设均已迈入新的发展阶段,可充分发挥各自优势,相互借力。2015年3月28日,国务院授权国家发改委、外交部和商务部共同发布的《推动共建丝绸之路经济带和21世纪海上丝绸之路的愿景与行动》中提出要求发挥上海合作组织、亚信会议等现有多边合作机制的作用,加强相关国家沟通,让更多国家和地区参与"一带一路"。① 文件中强调上海合作组织是推进"一带一路"建设的重要平台。2019年4月25日,上海合作组织秘书长弗拉基米·诺罗夫在第二届"一带一路"高峰论坛"设施联通"分论坛上表示,将"一带一路"倡议同上海合作组织成员国的国家经济发展战略相结合,符合上海合作组织的目标、宗旨和原则。上海合作组织成员国将不断加大共同落实这一倡议的力度,以期在上海合作组

---

① 商务部网站.国家发展改革委、外交部、商务部联合发布:《推动共建丝绸之路经济带和21世纪海上丝绸之路的愿景与行动》[R/OL]. (2015-03-30) [2019-11-15]. http://zhs.mofcom.gov.cn/article/xxfb/201503/20150300926644.shtml.

织沿线国家形成广泛、开放、互利、平等的伙伴关系以及建立人类命运共同体的共同愿景。① 2020 年，习近平主席在出席上海合作组织元首理事会第二十次会议上提出"促进民心相通，构建人文共同体"重大倡议，要促进文明互学互鉴，支持教育、文化、旅游、体育、媒体、妇女等领域的交流合作。② 丰富了构建更为紧密的上海合作组织命运共同体的内涵，意义深远。

"一带一路"倡议提出八年来，获得上海合作组织成员国的广泛认可和积极参与，也取得了诸多建设性成果。2015 年 7 月 9 日至 10 日，上海合作组织元首乌法峰会发表的《乌法宣言》和《新闻公报》首次表示支持建设"丝绸之路经济带"的倡议，并表示正在积极筹建的上海合作组织开发银行和发展基金也将为"一带一路"建设提供新的强大动力。随着"一带一路"建设的持续推进，上海合作组织各成员国就共建"一带一路"达成了诸多共识，在人文交流领域取得了诸多进展。从启动"上海合作组织科技伙伴计划"，到成功举办"上海合作组织青年交流营"；从推动与成员国间的边境旅游合作，到举办"九个美妙乐章"系列音乐会以"琴"会友；从举办上海合作组织妇女论坛、首届上海合作组织文化艺术高峰论坛，到召开上海合作组织首届媒体峰会、首届上海合作组织医院合作论坛等，一系列民意活动"遍地开花"，拉近了各国民众间的距离，增进了彼此间的了解和友谊。在"一带一路"框架下，中国与上海合作

---

① 人民网. 上合秘书长诺罗夫：对接一带一路倡议符合上合组织宗旨［EB/OL］.（2019-04-27）［2020-05-19］. http：//world. people. com. cn/n1/2019/0427/c1002-31053613. html.

② 新华网. 习近平：弘扬"上海精神"深化团结协作 构建更加紧密的命运共同体［EB/OL］.（2020-11-10）［2021-09-10］. http：//www. xinhuanet. com/politics/leaders/2020-11/10/c_ 1126723147. htm.

组织各成员在教育、文化、卫生、体育、旅游、媒体等领域的合作日益深入，不断加强双方政党、智库、民间组织往来，密切妇女、青年等群体交流合作，形成了多层次、多元化的人文交流机制。

一、"一带一路"倡议借助上海合作组织促进战略互信

目前，上合机制在运作模式上已经形成了领导人峰会、部长级会晤等多层级的立体合作网络，增进了中国与成员国间的战略互信。除了每年一度的元首峰会和政府总理会晤以外，上海合作组织还有外长、安全会议秘书、经贸部长、财长和央行行长、国防部长、文化部长、教育部长、交通部长、卫生防疫领导人、边防部门领导人、禁毒部门领导人等二十几个部长级会晤机制。此外，上合组织相关部门和团体还开展了企业家论坛、银行联合体会议、智库会议等活动。2014年9月12日，习近平主席在上海合作组织元首杜尚别峰会上首次提出欢迎上海合作组织成员国、观察员国、对话伙伴国积极参与共建丝绸之路经济带，共商大计，共建项目，共享收益，共同创新区域合作和南南合作模式。[1] 2014年12月，李克强总理在上合组织成员国政府首脑阿斯塔纳会议上提出丝绸之路经济带与上海合作组织有关国家的发展战略对接，表示中方愿与各方加强磋商与合作，共同促进产业转型升级。各国人民应加强人文交流，增进人民之间的沟通了解，通过交心使我们走得更近，使合作共赢的理念成

---

[1] 新华网. 习近平出席上海合作组织杜尚别峰会并发表重要讲话［EB/OL］.（2014-09-12）［2019-04-10］. http://www.xinhuanet.com/world/2014-09/12/c_126981493.htm.

为各国人民的共识。① 在本次会议发表的联合公报上，与会各国对中国关于建设"丝绸之路经济带"的倡议表示欢迎，并认为上海合作组织成员国就此进行协商与合作具有重要意义。

自2015年至今，上海合作组织历届峰会发布的元首宣言以及总理会议公报内容均明确支持"一带一路"建设，加强各国战略与"一带一路"倡议对接。（见表3）2015年7月，习近平主席在上合组织元首乌法峰会上重申，希望丝绸之路经济带建设同上海合作组织各国发展规划相辅相成，促进欧亚地区平衡发展，会议发表的上海合作组织《乌法宣言》和《新闻公报》也首次表示"支持中华人民共和国关于建设丝绸之路经济带的倡议"。② 在上海合作组织成员国元首理事会第十七次会议上，习近平主席也指出，我们要拉紧人文纽带，促进各国民众特别是青年一代心灵相通，使睦邻友好合作事业永葆活力。2015年12月，李克强总理在上海合作组织政府首脑会议上首次将上海合作组织的经济合作与丝绸之路经济带建设联系起来，表示中方愿推动丝绸之路经济带建设同上海合作组织各国发展战略及欧亚经济联盟等机制对接，促进地区开放、包容、共享发展，并建议将上海合作组织打造成丝绸之路经济带建设的"安全合作平台、产能合作平台、互联互通平台、金融合作平台、区域贸易合作平台、社会民生合作平台"。会议发表的《上海合作组织成员国政府首脑（总理）理事会第十四次会议联合公报》："总理们重申支持中华人民共和国关于建设丝绸之路经济带的倡议，发表了关于区

---

① 人民网. 李克强在上合组织政府首脑会议讲话［EB/OL］.（2014-12-16）［2019-10-15］. http：//politics. people. com. cn/n/2014/1216/c70731-26213793. html.

② 人民网. 上海合作组织成员国元首理事会会议新闻公报［EB/OL］.（2015-07-11）［2020-03-10］. http：//world. people. com. cn/n/2015/0711/c157278-27287453. html.

域经济合作的声明。总理们相信,上海合作组织成员国与观察员国和对话伙伴在实施丝绸之路经济带倡议等框架下通力协作,将促进经济持续发展,维护地区和平稳定。"[①] 自此,上海合作组织首次将成员国的经济合作纳入丝绸之路经济带建设框架中来。会议通过《关于区域经济合作的联合声明》,并首次认为"一带一路"倡议契合上海合作组织发展目标。上海合作组织各成员国政府还一致认为,利用上海合作组织现有成果和相关经济合作机制十分重要,将以基础设施建设、产能投资为优先方向,扩大双边、多边经贸合作,共同促进本地区工业化和现代化进程,最终实现上海合作组织成员国社会经济持续发展、提高成员国人民福祉的目标。2016年上海合作组织峰会发表公报重申:"支持中华人民共和国关于建设丝绸之路经济带的倡议,将继续就落实这一倡议开展工作,将其作为创造有利条件推动区域经济合作的手段之一。"[②] 2018年上海合作组织青岛峰会重申支持中华人民共和国提出的"一带一路"倡议,肯定各方为共同实施"一带一路"倡议,包括为促进"一带一路"和欧亚经济联盟对接所做的工作。

[①] 新华网. 上海合作组织成员国政府首脑(总理)理事会第十四次会议联合公报 [EB/OL]. (2015-12-16) [2019-10-09]. http://www.xinhuanet.com/world/shzlh2015/index.htm.
[②] 新华网. 上海合作组织成员国元首理事会会议新闻公报 [EB/OL]. (2016-06-25) [2019-12-19]. http://www.xinhuanet.com/world/2016/06/25/c_129088767.htm.

表3 上海合作组织政府首脑会议文件关于"一带一路"内容衰述

(截至2020年底)

时间	通过文件	主要内容
2015年7月10日	上合组织成员国元首理事会第十五次会议发表《上海合作组织成员国元首乌法宣言》(俄罗斯乌法)	各成员国就共建"一带一路"首次达成基本共识,表态支持关于建设丝绸之路经济带倡议
2015年12月15日	上合组织成员国政府首脑(总理)理事会第十四次会议联合公报(中国郑州)	重申支持中华人民共和国关于建设丝绸之路经济带的倡议,发表了关于区域经济合作的声明
2016年6月25日	上海合作组织元首理事会第十六次会议公报(乌兹别克斯坦塔什干)	支持中华人民共和国关于建设丝绸之路经济带的倡议
2016年11月3日	上海合作组织成员国政府首脑(总理)理事会第十五次会议公报(吉尔吉斯斯坦比什凯克)	上合组织成员国关于为发展地区经济合作创造良好条件的相关倡议,包括"一带一路"倡议
2017年6月9日	上海合作组织成员国元首理事会会议公报(哈萨克斯坦阿斯塔纳)	高度评价北京"一带一路"国际合作高峰论坛成果,表示将共同落实论坛成果
2017年12月1日	上海合作组织成员国政府首脑(总理)理事会第十六次会议联合公报(俄罗斯索契)	重申支持"一带一路"倡议,指出在相互尊重、平等互利原则基础上促进可持续发展的各项国际、地区国别倡议对接工作
2018年6月10日	上海合作组织青岛峰会发表《上海合作组织成员国元首理事会青岛宣言》(中国青岛)	肯定各方为共同实施"一带一路"倡议所做的工作,促进"一带一路"和欧亚经济联盟对接
2018年10月12日	上海合作组织成员国政府首脑(总理)理事会第十七次会议联合公报(塔吉克斯坦杜尚别)	再次表明支持"一带一路"倡议,在上合地区构建广泛、开放、互利和平等的伙伴关系

续表

时间	通过文件	主要内容
2019年6月14日	上合组织成员国元首理事会第十九次会议联合公报（吉尔吉斯斯坦比什凯克）	促进"一带一路"倡议和欧亚经济联盟建设对接工作
2019年11月2日	上海合作组织成员国政府首脑（总理）理事会第十八次会议联合公报（乌兹别克塔什干）	共同致力于实施"一带一路"倡议，推进"一带一路"建设同欧亚经济联盟对接工作
2020年11月10日	上海合作组织成员国元首理事会会议公报（视频会议）	共同实施"一带一路"倡议，肯定各方为促进"一带一路"建设与欧亚经济联盟建设对接所做工作
2020年11月30日	上海合作组织成员国政府首脑理事会第十九次会议联合公报（视频会议）	支持"一带一路"倡议，肯定各方为共同实施"一带一路"倡议，包括为促进"一带一路"建设同欧亚经济联盟的对接工作

资料来源：作者根据互联网资料整理。

二、"一带一路"倡议借助上海合作组织促进人文交流

以"丝路精神"与"上海精神"引领"一带一路"各国的人文交流，赋予了"一带一路"合作更加多元的丰富内涵，对增进"一带一路"沿线各国人民之间的相互了解和传统友谊起着重要作用。

"上海精神"在促进区域认同与和谐区域建设的同时，也有助于"一带一路"五通建设。而"丝路精神"在推动上海合作组织国家共同繁荣、增强上海合作组织凝聚力方面亦起到重要作用。上海合作组织作为在国际政治舞台中具有较大影响力的区域性国际组织，

在尊重各成员国文化传统的基础上，通过开展文化、教育、科技、甚至旅游等广泛的人文交流与合作，在各国人民之间架起一座沟通与理解的桥梁。上海合作组织成立之初就确立了"互信、互利、平等、协商，尊重多样文明，谋求共同发展"的上海精神。经历了20年的发展，"上海精神"显示出愈益强大的凝聚力和感召力，成为区域合作的典范。而两千多年前始于中国的古丝绸之路，从诞生之日就作为和平友好与合作发展的桥梁和纽带，将中国与中南亚、西亚、欧洲及非洲等地区的许多国家连接起来，成为沿线国家商贸往来和人文交流的重要通道。历史证明，只要坚持"和平合作、开放包容、互学互鉴、互利共赢"的"丝绸之路精神"，不同种族、不同信仰、不同文化背景的国家完全可以实现共享和平、共同发展。2000多年前，中国汉代张骞出使西域，开辟出横贯东西、连接欧亚的古丝绸之路。而时下"一带一路"倡议正是沿着古丝绸之路精神，充分挖掘沿线各国深厚的历史文化资源，开展积极交流与合作，促进彼此文明的共同进步。"一带一路"倡议的核心价值观是"丝路精神"，即和平合作、开放包容、互学互鉴、互利共赢。既顺应了各国共同发展的现实需要，又符合本地区国家的共同利益。2013年9月13日，国家主席习近平在上海合作组织元首峰会上发表了题为《弘扬"上海精神"，促进共同发展》的演讲，指出"上海合作组织6个成员国和5个观察员国都位于古丝绸之路沿线。作为上海合作组织成员国和观察员国，我们有责任把丝绸之路精神传承下去，发扬光大"①。"丝路精神"是 2016 年 6 月 22 日习近平主席在乌兹别克斯坦最高会议立法院的演讲中完整提出来的。在上海合作组织成员国元首理事会第十五次会议上，中国国家主席习近平主张坚持"上海精神"，打造本地区命运共同体。他指出，要继续以"上海精神"为指引，维护国际公平正义，倡导多边主义和开放主义，相互尊重彼此利益，不干涉别国内政，以和平方式解决分歧争端，以共赢理念促进发展繁荣。这与和平、发展、合作、共赢的时代潮流以及"一带一路"倡议秉持的共商、共建、共享原则相呼应。2016 年 4月，习近平总书记在主持中央政治局集体学习时就指出："真正要建成'一带一路'，必须在沿线国家民众中形成一个相互欣赏、相互理解、相互尊重的人文格局。"② 这既是推动"一带一路"民心相通的建设目标，也是上海合作组织人文合作的基本方向。

上海合作组织作为"一带一路"建设的人文交流平台，拓展中国与沿线国家人文合作的宽度和深度。有利于塑造中国在经济发展和地区秩序建构中不可或缺的形象，进而为"一带一路"倡议的推进落实构建有利的区域环境。"尊重多样文明，加强文化合作"是上海合作组织一贯坚持的立场。早在上海合作组织成立初期，《上海合作组织成立宣言》中就曾将文化合作作为上海合作组织框架下的一个重要领域来开展工作，成员国一致认为"上海五国"的建立和发展顺应了冷战结束后人类要求和平与发展的历史潮流，展示了不同

---

① 中国新闻网. 习近平在上合峰会讲话：弘扬上海精神　促进共同发展［EB/OL］.（2013-09-13）［2019-10-09］. https：//www.chinanews.com/gn/2013/09-13/5284869.shtml.

② 中国政府网. 习近平在中共中央政治局第三十一次集体学习时强调：借鉴历史经验，创新合作理念，让"一带一路"建设推动各国共同发展［EB/OL］.（2016-04-30）［2019-09-10］. http：//www.gov.cn/xinwen/2016-04/30/content_5069523.htm.

文明背景、传统文化各异的国家通过互尊互信实现和睦共处、团结合作的巨大潜力。近年来，上海合作组织在人文合作领域层次日益丰富，方式更加多样。在"一带一路"框架下，中国与上海合作组织成员国间加强文化交融、取长补短、和谐共处、共同发展，不仅有利于欧亚大陆各族人民文化、艺术、科技、教育水平和素质的提高，更为上海合作组织框架下的政治、经济等各领域合作奠定坚实的文化基础。上海合作组织成员国及其观察员国处于伊斯兰文化、东正教文化、汉儒文化、蒙藏佛教文化以及印度文化等不同文化圈层。在历史上，他们之间各种不同文化相互交融和碰撞，造就了多种文化相互竞争与并存的态势。2019年，中国国家主席习近平在出席比什凯克举行的上海合作组织成员国元首理事会第十九次会议并发表题为《凝心聚力务实笃行共创上海合作组织美好明天》的重要讲话中强调："要不断深化、文化、教育、旅游、体育、媒体等领域合作，密切妇女、青年等群体交流，不断提升民众参与度和获得感。我们要把上海合作组织打造成包容互鉴的典范，为各国人民世代友好、共同发展进步注入持久动力。"①

在人文交流合作方面，上海合作组织形成了诸多合作机制，举行了文化年、语言年、旅游年、艺术节等一系列开创性的活动，为更大范围内推进"一带一路"建设的民心相通做出重大探索。在上海合作组织成员国文化部长会晤的推动下，各成员国的文化交流活动日益加强，上合组织成员国间情感纽带不断被拉近，区域内友好

---

① 新华网. 习近平在上海合作组织成员国元首理事会第十九次会议上的讲话［EB/OL］.（2019-06-14）［2020-08-19］. http：//www.xinhuanet.com/politics/leaders/2019-06/14/c_1124625213.htm.

合作的民意基础也得以不断夯实。最突出的成果有：

第一，举办文化节、文化日甚至"国家年"活动。近年来，中国分别在哈萨克斯坦、乌兹别克斯坦等举办"中国文化日""新疆文化周"，中俄互办"国家年"等活动，帮助沿线各国人民加深相互了解。

第二，开展教育合作，培养人文合作方面的人才。教育合作是上海合作组织不可或缺的重要领域，在加强成员国间全面了解、巩固本组织发展社会基础方面发挥着越来越重要的作用。中国和中亚国家在上海合作组织框架下就教育领域的合作已经取得了诸多成果，如互派留学生，让各国学生学习对方的语言和文化，组建上海合作组织大学。成员国项目院校将通过这一平台联合培养本组织各领域合作所需要的高水平专业性人才。目前，有约80所参与院校，7个专业方向，学生培养已经从硕士研究生拓展至本科生、博士生和中职学生，拓宽了人才联合培养新模式。2020年，习近平主席在峰会上宣布，中方将于2021年举办上海合作组织民间友好论坛，继续办好上海合作组织青年交流营活动，在未来3年为各方提供600名青年交流名额，设立"丝绸之路"中国政府奖学金项目，培养相知相亲的青年一代。

第三，形成了"上海合作组织大家庭"理念。在上海合作组织框架下，举办了一系列"上海合作组织——我们共同的家园"活动，如"九个美妙乐章"的系列音乐会、共庆那吾鲁孜节等，共同体意识不断增强。2018年6月1日，在北京召开了首届上海合作组织媒体合作高峰会，本届峰会以"弘扬'上海精神'，开启媒体合作新时代"为主题，各界代表一致认为，上海合作组织各国媒体应当传承好、弘扬好"上海精神",开启合作交流新时代,共创上海合作组织发展的美好未来。国家主席习近平致贺信,勉励媒体"要努力做'上海精神'的弘扬者、务实合作者、人民友好的传播者"。本届媒体峰会发布了《上海合作组织首届媒体峰会关于加强媒体交流合作的倡议》。与会新闻媒体机构签署了10多项合作协议,如人民日报社《环球时报》与《俄罗斯报》,人民日报社环球网与俄罗斯卫星通讯社,中央人民广播电台与《哈萨克斯坦实业报》,分别签署了相关协议。① 在此次媒体峰会的推动下,上海合作组织媒体交流与合作获得了新的动力,为中国与上海合作组织合作共建"一带一路"营造了更有利于地区和平、发展、稳定的舆论环境。上海合作组织秘书处还多次举办国际马拉松赛事,打出"更亲、更近、更和谐"的口号。

上海合作组织的人文合作范围非常广,除了文化、教育外,还包括打击假冒医疗产品、防止传染病扩散、保障食品安全及质量、文化与自然遗产研究和维护、历史文献资料发掘和图书馆藏利用。2018年5月,上海合作组织成员国首届旅游部部长会议审议通过了《2019—2020年落实〈上海合作组织成员国旅游合作发展纲要〉联合行动计划》;同月,在北京还举办了第一届上海合作组织医院合作论坛暨上海合作组织医院合作联盟成立仪式,论坛发布了《上海合作组织医院合作联盟北京宣言》。在旅游合作方面,建立了丝绸之路旅游市场推广联盟、中俄蒙"茶叶之路"旅游联盟等。在文物保护

---

① 人民网. 弘扬上海精神推进媒体合作——上海合作组织首届媒体峰会6月1日在北京召开[EB/OL].(2018-06-01)[2019-05-22]. http://world.people.eom.cn/n1/2018/0603/c1002-30031030.html.

<<< 第四章 多边公共外交与"一带一路"倡议的国际传播

方面,实施了乌兹别克斯坦希瓦古城文化修复项目,向上海合作组织对话伙伴国尼泊尔提供了文化遗产震后修复援助。在科技合作方面,通过"杰出青年科学家来华工作计划",向印度、巴基斯坦、蒙古国、尼泊尔等上海合作组织国家提供来华开展科研的经费项目资助。在医疗合作领域,2017年在北京举办的"一带一路"医院合作论坛,提出了建设"一带一路"医院联盟的构想。在教育合作方面,充分利用成员国"上海合作组织研究中心"和相关研究机构的资源,使其成为"上海合作组织"发展的智库,在上海政法学院设立"中国——上海合作组织国家司法交流合作培训基地",为相关国家培养司法人才。中国将在未来10年向上海合作组织成员国家提供3万个政府奖学金名额,邀请1万名孔子学院师生赴中国研修,[①] 在学分互认、学位互授、签证便利化等方面也取得了诸多新进展。

随着"一带一路"建设的不断推进,以和平合作、开放包容、互学互鉴、互利共赢为核心的"丝路精神"与"上海精神"交相辉映,为上海合作组织人文合作注入新动力。在"一带一路"倡议的推动下,上海合作组织框架下的各种智库论坛、国际会议正吸引各国学界、政界、商界、文化界精英探讨多元文明交流融合,为构建政治多极、经济均衡、文化多样、安全互信、环境可持续发展的和谐世界不断贡献"上合智慧"。在当前异常复杂和多变的国际及地区形势下,"上海精神"和"丝路精神"正引领各国在"一带一路"建设中超越国情发展、利益诉求差异,开展真诚对话、包容互鉴,

---

[①] 新华社. 传承丝路精神 共创美好明天——记习近平主席出席上海合作组织成员国元首理事会第十三次会议 [EB/OL]. (2013-09-14) [2019-09-23]. http://www.xinhuanet.com/world/2013-09/14/c_117365936.htm.

167

人文交流正不断拉近民心，助力各方增进相互了解，为"一带一路"建设奠定坚实的民意和社会基础。

三、"一带一路"倡议借助上海合作组织打造人类命运共同体

中国应该积极增强"一带一路"倡议在上海合作组织国家的认同度和合法性，借以打造中国—上海合作组织命运共同体。

从长远和可持续性来看，"一带一路"建设需要规则化、专业化和机制化。"一带一路"倡议所倡导的理念和原则，需要通过规则化转化为合法和有效的行动。上海合作组织与"一带一路"的现实目标都是构建发展共同体和利益共同体，远期目标都是构建人类命运共同体。2013年3月23日，习近平主席首次出访，在莫斯科国际关系学院发表了题为《顺应时代潮流，促进世界和平发展》的演讲，提出了"这个世界越来越成为你中有我、我中有你的命运共同体，和平、发展、合作、共赢成为时代潮流"[1]。2013年10月，中国政府首次召开周边外交座谈会，以"亲、诚、惠、容"为理念，以构建周边国家命运共同体为最终目标，以"一带一路"倡议为协同合作桥梁的周边外交布局正在全面铺开。"一带一路"倡议是中国向周边国家乃至世界提供公共产品的一项长期发展构想，"不是中方一家的'独奏曲'，而是各国共同参与的'交响乐'"[2]。上海合作组织成立以来，努力的方向就是构建经济上互利共赢的利益共同体、安

---

[1] 新华网. 习近平在莫斯科国际关系学院的演讲［EB/OL］.（2013-03-24）［2019-05-18］. http://www.xinhuanet.com/politics/2013-03/24/c_124495576.htm.

[2] 新华网. 王毅："一带一路"不是中方"独奏曲"而是各国"交响乐"［EB/OL］.（2015-05-18）［2019-05-18］. http://www.xinhuanet.com/politics/2015lh/2015-03/08/c_127556696.htm.

全上休戚与共的责任共同体。随着共同体意识的不断增强,上海合作组织最终将构建人类命运共同体写入文件,确定为组织的长期目标。2017 年的《阿斯塔纳宣言》就明确提出:"在世界政治和经济发生深刻变革的背景下,成员国应致力于构建更加公正合理、符合各国共同及各自利益的多极世界格局,推动构建人类命运共同体。"①2018 年的《青岛宣言》再次确认了"推动建设相互尊重、公平正义、合作共赢的新型国际关系,确立构建人类命运共同体的共同理念"②。上海合作组织是建立周边命运共同体的典范,"上海精神"是成员国打造命运共同体的精神纽带,上海合作组织成员国以"上海精神"为指引,倡导多边主义和开放主义,其理念和准则与"一带一路"倡议秉持的共商、共建、共享理念相呼应。

"一带一路"倡议,是源于中国,属于世界的"世纪工程"。八年来,"一带一路"倡议正在经历从倡议到共识、从愿景到行动、从双边到多边的发展进程。当前上海合作组织与"一带一路"建设均处于新的历史发展节点。2018 年青岛上合峰会为扩员后的上海合作组织下一个阶段的发展指明了方向,从目前来看,在上海合作组织框架下,不仅将进一步增强各民族之间的了解,促进各民族文化产业的交融与繁荣。"一带一路"倡议经过 8 年来的发展,也到了承前启后的新阶段。上海合作组织的成功证明了"上海精神"的强大凝聚力,激发了各成员国之间的合作意愿。上海合作组织与"一带一

---

① 中华人民共和国外交部网站. 上海合作组织成员国元首阿斯塔纳宣言 [EB/OL]. (2017-06-09) [2019-10-19]. https://www.fmprc.gov.cn/web/gjhdq_676201/gjhdqzz_681964/lhg_683094/zywj_683106/t1469140.shtml.

② 中华人民共和国外交部网站. 上海合作组织成员国元首理事会青岛宣言 [EB/OL]. (2018-06-11) [2019-11-12]. https://www.fmprc.gov.cn/web/gjhdq_676201/gjhdqzz_681964/zywj_683106/tl567546.shtml.

路"建设应充分发挥各自优势，进一步优化功能与定位，推动双方在新发展阶段相互促进、联动发展。展望未来，中国与上海合作组织各成员国需要继续以"上海精神"和"丝路精神"为引领，全方位开展友好交往和人文交流，拓展各国民间和社会交流渠道，增进各国人民相互了解，夯实共建"一带一路"的民意基础，共同谱写"民相亲、心相通、情相融"的华美乐章。

第三节 "一带一路"国际传播任重道远

　　国之交在于民相亲，民相亲在于心相通。习近平主席曾多次强调，"一带一路"倡议是一项造福各国人民的倡议。总之，"一带一路"倡议是高瞻远瞩的远大战略构想，是"中国梦"与"世界梦"联系的一条牢固纽带，也是需要不断沟通、深入传播的伟大事业。这需要借助国内外多渠道、多平台，将"中国梦"与"世界梦"进行有机衔接，将团结互助、平等互利、包容互鉴、合作共赢为核心的"丝路精神"发扬光大，为中华民族伟大复兴和沿线各国共同繁荣提供源源不断的精神动力和舆论环境。随着"一带一路"合作的深化，"一带一路"倡议取得诸多国际共识，国际影响力日趋增大。在取得诸多丰硕成果的同时，我们不能忽视国际舆论场域中关于"一带一路"倡议的杂音与误读，有的甚至刻意扭曲，必须清醒把握其国际传播的困境。因此，中国需要主动塑造国家形象，不断增进国际社会对"一带一路"倡议的了解，筑好"一带一路"建设的社会根基。

<<< 第四章 多边公共外交与"一带一路"倡议的国际传播

  2021年是"一带一路"倡议提出8周年,"一带一路"倡议得到了国际社会的广泛认同,被写入了联合国大会、安理会、人权理事会等决议文件,为我国发展争取了良好的周边环境,也使我国发展惠及了更多的沿线国家,携手实现共同发展。习近平主席在推进"一带一路"建设工作5周年座谈会上指出,过去几年共建"一带一路"已经完成了总体布局,绘就了一幅"大写意",今后要聚焦重点、精雕细琢,共同绘制好精谨细腻的"工笔画"。绘制好共建"一带一路"的"工笔画",需要继续推进各方面工作,切实做好"一带一路"国际传播工作,对外讲好"一带一路"故事。① 2021年11月19日,国家主席习近平在第三次"一带一路"建设座谈会上指出:"要营造良好舆论氛围,深入阐释共建'一带一路'的理念、原则、方式等,共同讲好共建'一带一路'故事。"② 就"一带一路"的国际传播效果而言,要将"一带一路"建设及其承载的构建人类命运共同体理念在全球准确传播并得到世界各国的广泛认同和积极响应,以联合国、上海合作组织为代表的国际组织为"一带一路"建设带来新的契机,已经成为"一带一路"倡议对外传播、高质量发展的亮点和突破口。未来中国应该在"一带一路"建设背景下,加强与专业性国际组织的合作,扩大专业性国际组织与沿线

---

① 新华网. 努力推动共建"一带一路"走深走实——习近平总书记在推进"一带一路"建设工作5周年座谈会上的讲话引起热烈反响 [EB/OL]. (2018-08-29) [2019-11-05]. http://www.xinhuanet.com/politics/2018-08/29/c_1123347078.htm.

② 新华网. 习近平在第三次"一带一路"建设座谈会上强调 以高标准可持续惠民生为目标 继续推动共建"一带一路"高质量发展 韩正主持 [EB/OL]. (2020-11-19) [2020-12-19]. http://www.news.cn/politics/leaders/2021-11/19/c_1128081486.htm.

国家间的交流合作，为"一带一路"建设的推进提供新模式、新渠道。

面向未来，在当下纷繁复杂的国际形势下，要塑造中国在"一带一路"相关国家以及世界舞台上的国家形象，顺利推进"一带一路"建设仍然任重道远。作为一项具有长期性、复杂性、系统性的重大综合工程，"一带一路"倡议的国际传播需要提升到国家对外战略的高度，坚持以新时代中国特色大国外交的顶层设计为基础，精心布局、科学规划、加大投入，进一步求同存异、开放合作、携手共赢，共创合作新模式，开拓多元合作平台，让国际组织合作共建"一带一路"走向精细化、平台化、长效化，推动各国加强政治互信、经济互融、人文互通。只有这样，"一带一路"倡议才能可能真正在沿线各国落地，获得沿线各国人民的欢迎和支持，实现"民心相通"，提升中国的国际形象和国际话语权。

结语

探寻公共外交成功之道

著名哲学家罗素（1872-1970）认为，国际关系研究的使命是两个：一是如何避免国家之间发生冲突和战争；二是如何避免大国欺负或者看不起小国。[①] 然而，今天全球社会的发展已经改变了这种纯物质性的国际关系，国际关系的非物质性层面已经变得日益突出，思想观念、意识形态、社会制度、文化习俗、合法性等这些观念性的东西正在塑造和建构着国际关系。现代大众政治的国际政治效应对各国外交产生着越来越大的影响，公共外交成为新形势下处理"文明国家间相互关系的最佳方法"[②]。为了夯实国家关系发展的社会基础"我们将开展同各国政党和政治组织的友好往来，加强人大、政协、地方、民间团体的对外交流"[③]，历史悠久、功勋卓著的中国民间外交勃然而兴，大有可为的中国公共外交正是中国外交日

[①] 伯特兰·罗素. 社会改造原理 [M]. 张师竹, 译. 上海：上海人民出版社, 2001.
[②] Harold Nicolson. The Evolution of Diplomatic Method [M]. Leicester：University of Leicester, 1954, reprinted 1998, p. 42.
[③] 新华网. 胡锦涛在中国共产党第十八次全国代表大会上的报告 [R/OL]. （2012-11-08）[2019-10-17]. http：//news. xinhuanet. com/18cpcnc/2012-11/17/c_113711665. htm.

益突出非物质层面的运作以夯实国家关系的社会基础并掌控国际话语权的外交大战略的体现。2021年5月31日，中共中央政治局就加强我国国际传播能力建设进行第三十次集体学习。中共中央总书记习近平在主持学习时强调，必须加强顶层设计和研究布局，构建具有鲜明中国特色的战略传播体系，着力提高国际传播影响力、中华文化感召力、中国形象亲和力、中国话语说服力、国际舆论引导力。[①] 2014年2月24日，习近平总书记在主持中共中央政治局第十三次集体学习时指出，一个国家的文化软实力，从根本上说，取决于其核心价值观的生命力、凝聚力、感召力。[②] 2016年12月5日发布的《关于加强"一带一路"软力量建设的指导意见》指出："软力量是'一带一路'建设的重要助推器。"[③] 为此，笔者在本书结语中试图从核心价值观的角度探讨公共外交的本质以找寻公共外交的成功之道，以为"一带一路"走深走实探寻价值观的持久基础。

---

① 中国政府网. 习近平主持中共中央政治局第三十次集体学习并讲话 [EB/OL]. (2021-06-01) [2021-10-10]. http://www.gov.cn/xinwen/2021-06/01/content_5614684.htm.

② 新华网. 习近平：使社会主义核心价值观的影响像空气一样无所不在 [EB/OL]. (2014-02-25) [2019-08-29]. http://news.xinhuanet.com/politics/2014-02/25/c_119499523.htm.

③ 新华社. 习近平主持召开中央全面深化改革领导小组第三十次会议 [EB/OL]. (2016-12-05) [2019-04-27]. http://www.xinhuanet.com/politics/2016-12/05/c_1120058658.htm.

<<< 结语 探寻公共外交成功之道

第一节 效果不彰的中国公共外交

相对于西方，中国是公共外交的后来者、学习者和模仿者。随着中国的快速崛起，"中国威胁论"甚嚣尘上，恶化了中国崛起的舆论环境。为此，正如时任外交部部长杨洁篪所言在中国大力开展公共外交"正逢其时，大有可为，任重道远"①。近年来，公共外交逐渐成为我国外交工作新的增长点和着力点，在外交全局中的地位和作用进一步提升，重要性日益凸显。2009年7月，胡锦涛在第十一次驻外使节会议上发表重要讲话，精辟论述了公共外交在我国外交工作中的重要地位和作用，指出公共外交作为总体外交的重要组成部分，是新形势下完善我国外交布局的客观要求，也是我国外交工作的重要开拓方向。在国家的高度重视和支持下，21世纪初以来，中国开展了一系列重大公共外交行动，以期改善和重塑中国负责任的大国形象。这些重大公共外交活动有：全球绽放的孔子学院、成功举办的奥运会和世博会、年度博鳌亚洲论坛、援建非盟会议中心、"中国制造广告片"和"国家形象宣传片"等等。这些重大公共外交活动辅之以巨大的财政支持，已经在国家话语格局中增加了中国声音和中国元素。虽然尚无专门机构对这些公共外交活动的总体效果做精确评估，但在承认其正面效果的同时，不可否认，这些重大公共外交活动也存在许多需要改进的地方。最早提出"软实力"概念的约瑟夫·奈最近就指出，尽管做出了许多努力，但中国的投资

---

① 杨洁篪. 努力开拓中国特色公共外交新局面 [J]. 求是，2011 (4).

只收到了有限的回报。① 比如，随着孔子学院的全球绽放，孔子学院在一些西方国家也受到过部分人的抵制和指责，甚至被美国要求列管为"外交使团"。除去大国竞争因素之外，其原因还在于孔子学院的运作不符合这些国家的受众习惯。被寄予厚望的"国家形象宣传片（人物篇）"虽然企图用50位名人在30秒内"向全世界展现生机勃勃的中国精神"，打造中国在世界上的"名片"。② 但是，作为中国国家形象宣传片在美传播的接受方，外国公众并未如制作方预想的那样对该片建立起美好而深刻的印象。对于在中国国家形象宣传片中出现的那么多人物，他们坦言只认识姚明，不明白这么多人同时出现的形象宣传片到底要表达什么主旨。对于中国所要传达的形象，他们坦言比较模糊。虽然相对于官方色彩更浓的公共外交，以中国人民对外友好协会及其附属机构为主的中国民间外交效果不错，但鉴于中国民间外交独立性的相对缺乏，其效果仍然没有得到最大限度地发挥。总之，随着中国的快速崛起，很多人可能感受到了更多中国元素的冲击，但却并没有"被感动""被吸引"并真正认同、喜欢中国。即使中国成功地控制了新冠肺炎疫情的传播，但有关疫情的政治病毒仍然围绕着中国。在中国频繁且大举投入公共外交活动并逐渐开始尝试立体公共外交之后，仍然出现这些不正常现象就值得我们反思。

2016年12月5日发布的《关于加强"一带一路"软力量建设

---

① Joseph S. Nye. Why China is Weal on Soft Power [N]. New York Times. 2012, 01, 17. http://www.nytimes.com/2012/01/18/opinion/why-china-is-weak-on-soft-power.html?_r=1&ref=global-home.

② 光明网. 中国向世界递出"名片"[EB/OL]. （2010-10-09）[2019-03-12]. http://www.gmw.cn/content/2010-10/09/content_1295567_1.htm.

<<< 结语 探寻公共外交成功之道

的指导意见》指出:"软力量是'一带一路'建设的重要助推器。要加强总体谋划和统筹协调,坚持陆海统筹、内外统筹、政企统筹,加强理论研究和话语体系建设,推进舆论宣传和舆论引导工作,加强国际传播能力建设,为'一带一路'建设提供有力的理论支撑、舆论支持、文化条件。"① 2021年5月31日,中共中央政治局就加强我国国际传播能力建设进行第三十次集体学习。中共中央总书记习近平在主持学习时强调,讲好中国故事,传播好中国声音,展示真实、立体、全面的中国,是加强我国国际传播能力建设的重要任务。② 除去大国竞争因素③,如果我们要从国际传播、公共外交角度探寻答案的话,或许这几个问题急需回答:即公共外交的本质到底是什么?公共外交的成功到底需要什么样的载体?到底应该如何开展公共外交方能达到预期目的?这是当前中国公共外交急需回答的问题。习近平主席指出,作为文化软实力的灵魂,核心价值观是文化软实力的重点。④ 基于此,笔者尝试从价值观的角度来探讨公共外交的本质与成功之道。

---

① 新华社. 习近平主持召开中央全面深化改革领导小组第三十次会议 [EB/OL]. (2016-12-05) [2019-12-10]. http://www.xinhuanet.com/politics/2016-12/05/c_1120058658.htm.
② 中国政府网. 习近平主持中共中央政治局第三十次集体学习并讲话 [EB/OL]. (2021-06-01) [2021-10-20]. http://www.gov.cn/xinwen/2021-06/01/content_5614684.htm.
③ 笔者对公共外交、国际传播的讨论基于一个前提:即除去诸如具有竞争性大国权力因素带来的恶意舆论抹黑情况。因为美国对中兴和华为的霸道制裁和强权霸凌警醒国人:尽管公共外交是必须的,但美西方对中国的偏见也是根深蒂固的,难以简单化解和消除,公共外交之外,文明对话、实力抗争势所必然。但这并不意味着,中国就不需要努力去改进公共外交工作。
④ 新华网. 习近平:使社会主义核心价值观的影响像空气一样无所不在 [EB/OL]. (2014-02-25) [2019-11-20]. http://news.xinhuanet.com/politics/2014-02/25/c_119499523.htm.

第二节 公共外交的成功依赖于价值共享

美国哈佛大学教授入江昭（Irie Akira）认为，外交、国际关系与文化有着密切的联系，因为不论属于哪一个国家的人们都有其特有的国内普遍认同的历史和价值观，从这个意义上说，国家本来就是一个文化性组织，国家之间的关系理应含有文化的成分，也可以说文化上的联系是外交的根本和基础。① 事实上，作为一种文化传播实践，公共外交的成功并不单纯取决于感官冲击，也不完全取决于传播技巧和文化异同问题，在文化多样性和文化竞争的世界，公共外交行动能否成功取决于传播的内容是否能被认同和接受，取决于其核心价值观的生命力、凝聚力、感召力。因而，公共外交活动本质上是关涉文化与价值的问题。

当然，面对文明多样性的国际现实，最好的发展路径不是文明冲突与价值竞争，而是努力寻求相互尊重的文明共存与价值共享。牛津大学前校长克林·卢卡斯在 2011 年 11 月举行的"北京论坛"上曾指出，要达到"文明的和谐"就需要在保持人类创造力的核心即差异的同时，增进各种文化间的了解与沟通。② 汤一介亦认为，"不同文化之间存在的冲突总是暂时的，而不同文化之间的相互吸收

---

① 入江昭. 文化与外交 [J]. 外交论坛，2000（4）.
② 霍文奇. 北京论坛（2011）在京召开：在传统与现代的角力中寻求变革与转型 [N]. 中国社会科学报，2011-11-08（1）.

和融合则是主导的"①。2015年习近平在博鳌亚洲论坛指出,"不同文明没有优劣之分,只有特色之别。"人类要"迈向命运共同体,必须坚持不同文明兼容并蓄、交流互鉴"②。可见,人类命运共同体所体现的文化观就是强调各种文化之间和而不同,兼容并蓄,在相互尊重中和谐共存,在彼此借鉴中创新发展。为此,习近平在博鳌亚洲论坛2015年年会主旨演讲中还开创性地提出了召开亚洲文明对话大会的中国倡议并得到了亚洲各国的积极回应。2019年5月15日,亚洲文明对话大会在中国北京开幕。来自亚洲全部47个国家和世界其他国家及国际组织的1352位会议代表共同出席大会。会议聚焦"亚洲文明交流互鉴与命运共同体"主题,共商亚洲文明发展之道,共话亚洲合作共赢大计,达成广泛共识并发表了《亚洲文明对话大会2019北京共识》。"亚洲文明对话大会"的成功召开表明,面对国际关系文化多样性和冲突性的亨廷顿文化,人类必须学会走出唯我独尊的"文化中心论"与"文明冲突论"逻辑,而应以"文明相容观"去寻求文明共存、价值沟通与价值共享之道。在中国大力实施公共外交,推动"和谐世界"和"人类命运共同体"构建的外交实践中出现的"姚明现象""海尔模式"与"傅莹方式"正是对不同文化和谐共存、沟通、共享之道的一种初步尝试。相较于各种吃力不讨好、事倍功半的"品牌性"或"硬性"公共外交,这是一种事半功倍基于价值共享的"软性"公共外交。

---

① 王缉思. 文明与国际政治:中国学者评亨廷顿的文明冲突论 [M]. 上海:上海人民出版社,1995:251.
② 中国政府网. 习近平主席在博鳌亚洲论坛2015年年会上的主旨演讲(全文)[EB/OL]. (2015-03-29)[2019-09-11]. http://www.gov.cn/xinwen/2015-03/29/content_ 2839796.htm.

一、姚明现象：让公民行动起来

在中美关系存在意识形态、文化和地缘政治结构性矛盾的 21 世纪，如何实现文明共存共享和共同发展显然是中美关系中必须面对的问题。为了使中国"在政治上更有影响力、经济上更有竞争力、形象上更有亲和力、道义上更有感召力"，① 在大众政治日益凸显和重要的今天，撤除大国竞争因素，有效的公民外交可能是化解中美结构性矛盾，实现和平共存与共同发展的有效途径之一。

当姚明于 2011 年 7 月 20 日在上海宣布正式退役时，英国伦敦《独立报》驻华盛顿记者鲁伯特·考恩威尔报道称"中国外交全明星退出 NBA"。"姚明是中国新的影响力延伸至西方的一张面孔，也是 NBA 在中国爆炸性增长的一张面孔。"美国《休斯敦纪事报》早在 2011 年 7 月 9 日就这样为姚明做了一个总结。满天飞的类似报道与评论说明一个道理：中国姚明是中国公共外交最为成功的经典案例之一。作为中国国家形象的代表，"姚明现象"何以成功并何以复制以增益国家形象呢？

在西方人主导游戏规则的篮球世界，姚明经历了融入、适应和自主的过程。② 姚明之所以"能顶得上 10 个驻美大使"并成为中国外交全明星，原因有四：其一，谦逊的秉性展示了东方人格魅力，

---

① 新华网. 胡锦涛等中央领导出席第十一次驻外使节会议 [EB/OL]. (2009-07-20) [2019-09-11]. http://news.xinhuanet.com/politics/2009-07/20/content_11740850_1.htm.
② 姚明的成功可以说是实现了"融入与自主性的平衡"，中国外交可以从姚明的成功获得这种启示。关于"融入与自主性的平衡"，参见：李志永. 融入与自主性的平衡：中国外交的核心问题 [J]. 世界经济与政治，2010 (2)：67-82.

为强调个人英雄主义的西方文化带来了新鲜风气。其二，勤勉的个性符合"美国梦"的基质，与中国传统的关系社会拉开了距离。其三，幽默的天性凸显了东方人的智慧，搭建了心灵沟通的桥梁。其四，不讲官话套话空话彰显了独立的思想，赢得了西方人的认同与尊敬。然而，姚明的最大成功不是在篮球场上，甚至也不是在商场上，而是在球场与商场之外促进了中美文化交流和中美民间友好。这让我们联想起了40年前改变中美关系的"乒乓外交"。美国第37任总统尼克松对此曾有一句点睛之言：体育竞技催生个人互动，而此类互动能够"改变世界"。虽然姚明在美的8年职业生涯并不能疏解中美关系中的结构性矛盾，但确实推动了中美公民外交的开展，展示了良好的中国公民形象，促进了中美文化交流，促进了中美文化的价值共享，加深了中美民间友好。这正是所谓"姚明现象"的真正含义，也是我们期待更多"姚明现象"的原因。

二、海尔模式：让企业绽放价值关怀

创业以来，海尔坚持以用户需求为中心的创新体系驱动企业持续健康发展，从一家资不抵债、濒临倒闭的集体小厂发展成为全球最大的家用电器制造商之一。2012年，海尔集团全球营业额631亿元，在全球17个国家拥有8万多名员工，海尔的用户遍布世界100多个国家和地区。海尔的"走出去"战略是如何取得成功的呢？海尔的成功不仅仅是商业的成功，更是企业转型和自觉践行公共/民间外交的成功，即"海尔模式"的成功。

随着公共外交实践的深入，企业公共外交日益成为各国公共外交的重要组成部分。随着"走出去"战略的大力实施，在中国企业公共外交中，不仅国有企业发挥着重要作用，而且民营企业也承担着更大责任。在某种程度上，民营企业已经成为国际社会观察中国的一个重要窗口，成为评价中国的一个重要标本，因此民营企业已经成为中国国家形象的重要展示平台。作为较早"走出去"的企业，海尔集团一直实践着公共与民间外交，实现了海尔的品牌化，塑造了良好的企业社会责任国际形象，最终创造了让企业绽放价值关怀的"海尔模式"。那么公共外交视角下的"海尔模式"包括什么内容呢？

塑造产品和品牌形象、承担社会责任和传播体现国家核心价值观的企业文化是企业实践公共、民间外交的主要路径。海尔集团正是从这三个路径来实践企业公共外交并取得成功的。

第一，集中打造绿色环保的企业品牌形象。可持续发展是海尔集团最为重视的品牌信仰，海尔集团从创业开始就一直在企业运营中实施"绿色产品、绿色企业、绿色文化"的战略体系，在创意、制造、服务、物流、回收等环节坚持践行绿色理念，积极引领消费者、合作伙伴乃至各行各业共同承担对环境的保护与关爱，为社会长久发展奠定良好基础，努力打造绿色环保的企业形象。例如，2006年12月，由联合国开发计划署（UNDP）和国家环保总局联合主办的全球环境基金（GEF）中国节能冰箱项目总结大会在北京隆重举行。海尔冰箱获"节能明星大奖"。正因如此，海尔集团经过20多年的发展，成功地塑造了让消费者放心满意、绿色环保的品牌形象，紧紧地抓住了海外消费者的心，为其拓展海外业务开辟了更广阔的空间。

第二，通过海外捐款赈灾承担国际社会责任。海尔集团不仅活跃于国内的公益活动，对国外的捐款赈灾活动也非常热心。通过在海外承担社会责任，海尔集团在印度、巴基斯坦、中非、马来西亚等国都因为对当地的社会贡献赢得了高度的认可和称赞。例如，2010年12月21日，首届"中非友好贡献奖——感动非洲的十大中国企业"颁奖典礼在北京人民大会堂隆重举行，包括海尔集团在内的十家企业获此殊荣。海尔是唯一获奖的消费品提供商，这是海尔获得的又一国际性荣誉，充分显示了海尔品牌的全球影响力和亲和力。

第三，通过企业文化传播国家核心价值观。企业价值观是企业文化的核心，它渗透于企业经营管理的各个环节，支配着从企业家到员工的思想和行为。海尔集团的企业文化也是其核心价值观，即：是非观——以用户为是，以自己为非；发展观——创业精神和创新精神；利益观——人单合一双赢。海尔集团这三个价值观不但是其开发海外市场的金钥匙，同时也与我国核心价值观相呼应。我国一向推崇"孔孟之道"，孔子曰："己所不欲，勿施于人"，讲究的是要与人为善，待人宽容，海尔"永远以用户为是，以自己为非"的是非观恰好体现了这一点，它要求待客要真诚、宽容。同时，中国的传统文化要求"以正合，以奇胜""出奇制胜"，海尔的发展观正体现了这种创新精神；崇尚"和谐"的文化价值观是中华文化繁荣昌盛的根本，海尔人单合一的双赢利益观很好地传承了中华文化的核心价值观。正是由于海尔打造了既符合自身又切合国家需要的企业文化，并以此将其贯彻于企业活动之中，海尔才能将企业打造成一个有良心有责任的组织平台，既保证企业自身的良好形象，又能提升国家的国际形象。

随着中国大力实施"走出去"战略和"一带一路"倡议，中国将有更多企业走向海外。其中很多企业往往因为短视的眼光，限于狭隘的商业利益不能自拔，最终遭遇适应性失败，海外利益受到损失。"海尔模式"启示我们，全球化条件下的企业活动，已经不再是纯粹的商业活动，也是政治社会活动，承载着一定的社会责任，并常常成为国家形象的代表。日本前首相中曾根康弘也曾讲过："在国际交往中，索尼是我的左脸，丰田是我的右脸。"其实，企业产品质量和品牌体现着一个国家的实力和形象。一个国家经济崛起的过程，就是本国企业品牌发展壮大和走向全球的过程，并不断地塑造、充实着国家形象。① 在对中国国内5个城市几十个"走出去"的企业实地调研的基础上，全国政协常委、外事委员会主任赵启正指出："实践表明，公共外交开展得好的企业，其'走出去'就较为顺利，成功的概率就大，反之，企业遭受挫折和失败的可能性就越高。"② 因此，全球化条件下的中国企业必须积极参与到公共外交的事业中来。当然，这种参与不仅仅是形式上的、工具性的，而且必须是实质性的、目的性的，即企业公共外交应该借鉴"海尔模式"，积极塑造企业品牌、承担国际社会责任和塑造良好企业价值观，让企业绽放价值关怀并得到长远发展。

---

① 李志永. 企业公共外交的价值、路径与限度——有关中国进一步和平发展的战略思考 [J]. 世界经济与政治, 2012 (12): 108.
② 凤凰网. 参见赵启正在第二届中国海外投资年会上的讲话 [EB/OL]. (2012-08-22) [2019-11-28]. http://finance.ifeng.com/news/special/hwtz_2012/20120822/6928574.shtml.

三、傅莹方式：让官方外交绽放人性

公共外交不仅可以通过发挥公民与企业的主体作用来实现价值竞争到价值共享的转变，而且更需要政府官员以共享价值为基础以创造性地走出单纯的价值竞争，以增强官方外交的亲和力和政府公共外交的说服力。"傅莹方式"就是中国政府以共享价值实施政府公共外交的成功方式之一。

作为中外曝光率最高、中外公众最感兴趣的中国外交官之一，傅莹也是国际上公认最会以坦率和柔性方式解读中国外交政策并让中国外交充满人性与共享价值的外交官之一。为此，一些媒体不吝给她冠以"媒体宠儿""社交明星""最佳传播者"等称号。根据傅莹本人的总结，公共外交要实事求是，要早说话，要多说话、说明白话。① 这正是傅莹方式的根本。

具体而言，傅莹方式就是：第一，主动出击。傅莹以母亲的身份在英国《星期日电讯报》发表了身在北京的女儿的来信《如果西方能够倾听中国》，就是中国外交官面临公关危机在国外媒体上主动发出的声音。如果说此信的发表在本质上仍是"情势所逼"的话，那么，2008年和2009年两年间，傅莹在英国媒体上至少发表了8篇文章并进行了无数公开演讲，就是典型的主动出击行动了。第二，柔性说理。与那些动辄以"无可奉告"搪塞记者，以空话大话草率了事，时刻一副高高在上的官员不同，傅莹"从不咄咄逼人，也不

---

① 新华网. 中国驻英大使：公共外交要"早说话，多说话，说明白话"[EB/OL]. (2009-07-26) [2019-08-18]. http://news.xinhuanet.com/world/2009-07-26/content_11774870.htm.

照本宣科，有的只是前所未有的坦率，和风细雨的讲述，富有人情味的故事"。她说理"不生硬，不突兀，有高潮，有转折，引经据典，行云流水，娓娓道来，游刃有余"。① 正是这种中西都能接受的方式让傅莹广受欢迎。第三，诉诸人性。外交技巧对于公共外交是重要的，主动性与亲和力虽然能够帮助国家树立良好形象，但至关重要的仍然是言说内容的普世性与价值共享性，即公共外交要产生应有效果，必须从普世人性的角度去切入。1985年，傅莹到肯特大学卢瑟福学院深造，在中西方迥然不同的环境中，那时的傅莹在肯大就体验到，在人的内心深处，人类的本性是共通的。"我认识到，人类的共同之处远远大于差异，完全可以通过相互接触和交流加深人民之间的精神纽带，而不应在敌对意识形态的面具下相互排斥。这也与中国古代哲学倡导的'君子和而不同'的思想不谋而合。我对普世的人性有了信心。"② 正是基于这样的人性信念，傅莹方式就不仅仅属于傅莹个人，而是一种可以复制的用以化解不同文化冲突和竞争而实现价值共享的政府公共外交新方式。

四、价值共享：公共外交成功之道

作为职业运动员的姚明、作为商业组织的海尔和作为职业外交官的傅莹，其个体成功均与其个性与自身努力紧密相关，与中国的进步和中国与世界的关系的转型有关，但关键之处在于他们的外交实践自觉地践行了人类普世价值，不自觉地彰显了中华民族的核心价值观。虽然，"姚明现象""海尔模式"和"傅莹方式"属于不同

---

① 刘俊. 傅莹方式：最好的传播者 [N]. 国际先驱导报，2010-01-31.
② 刘俊. 傅莹方式：最好的传播者 [N]. 国际先驱导报，2010-01-31.

类型的公共外交,但无论是"姚明现象""海尔模式"还是"傅莹方式"其成功秘诀都在于在中外人民之间以人类共同价值为基础成功地促进了民心相通,促进了价值沟通与价值共享。

根据上述对"姚明现象""海尔模式"和"傅莹方式"的总结,以普世人性为基础的"民心相通"的成功点有五个方面:其一,强调人际沟通,通过人际互动建立互信基础,突出公民的主导地位;其二,强调双向互动,突出交流的平等性与对称性;其三,强调柔性说理,润物细无声,不倡导宏大叙事,反对空话大话;其四,强调共赢与责任,共同获得利益的改进,并尽力承担社会责任,谋求长远发展;其五,强调人性互动,以自我核心价值展现人类价值共通共享之处。如果说,前三点偏重技巧的话,最后两点则是最核心的要义,是化解冲突性亨廷顿文化中的价值竞争为价值共享进而实现民心相通的关键。

俄罗斯科学院国际关系与世界经济研究所于2010年底完成的《2030年全球战略预测》指出,在未来二十年,个人自由、平等和人权的价值观将更具全球吸引力。意识形态将更频繁地与全球政治、社会经济和文化发展趋势相关联,而非仅仅集中于不同国家的内部政治生活。这将成为未来全球治理意识形态的基础。[1] 王缉思亦认为,由于特殊国情与国策,中国同发达国家和部分发展中国家的体制和意识形态差异仍然十分巨大,而且看不到缩小的趋势,中国也因此而被西方发达国家视为国际社会中的"异类"。[2] 为此,公共外

---

[1] A·A·邓金,杨成,施海杰. 2030年全球战略预测[J]. 俄罗斯研究,2011(4).
[2] 王缉思. 中国的国际定位问题与"韬光养晦、有所作为"的战略思想[J]. 国际问题研究,2011(2).

交的开展不能忽视文化多样性的存在。事实上，公共外交的本质就是价值与观念竞争。那么，如何认识与应对文化多样性现实呢？显然，加强文化交流和沟通是"一带一路"实现民心相通的不二法则。虽然化解文化冲突是人类长期的课题和难题，但只要我们坚守自我核心价值观，秉承普世人性价值观并辅以高超的外交沟通技巧，不同文化的价值共享与和谐共存就不会是梦想。"姚明现象""海尔模式"与"傅莹方式"正是对不同文化相互沟通、和谐共存之道的一种初步尝试。这就要求我们的公共外交要逐渐从偏重宏大宣传叙事的现实中走出来，在坚守自我核心价值的基础上，注重从普世人性价值出发，实现不同文化的互动沟通、相互理解与价值共享。只有这样，"姚明现象""海尔模式"与"傅莹方式"才不会仅仅是昙花一现的个别现象，而将得到复制和再造，成为化解"一带一路""中国威胁论"的催化剂，争取中国国际话语权的关键点和实现中国"和平崛起"的外交保障。因此，公共外交竞争将是各国核心价值观念的竞争，决定各国竞争胜败的不是某种价值观念的特殊性而是其普世性以及能否以普世价值为基础实现价值沟通与价值共享。普世价值曾经是中国古代外交的优势，却是当今中国外交的短板，因此如何在传统与现实、中国与世界之间打造中国自己的核心价值观和普世价值体系，使中华民族的核心价值观的国际影响"像空气一样无处不在且必不可少"，以丰富、改进现代西方普世价值体系并促进人类更大范围内的价值共享就成为当今和未来中国外交的挑战。

参考文献

一、中文

专著：

[1] 伯特兰·罗素. 社会改造原理 [M]. 张师竹, 译. 上海：上海人民出版社, 2001.

[2] 陈来. 古代思想文化的世界：春秋时代的宗教、伦理与社会思想 [M]. 北京：生活·读书·新知三联书店, 2009.

[3] 葛慎平. 金桥新篇：新中国对外文化交流50年纪事 [M]. 北京：文化艺术出版社, 2000.

[4] 姜敬宽. 时代七十年 [M]. 台北：天下文化出版股份有限公司, 1993.

[5] 冷溶. 邓小平年谱（1975-1997）[M]. 北京：中央文献出版社, 2004.

[6] 李希光, 赵心树. 媒体的力量 [M]. 广州：南方日报出版社, 2002.

[7] 李希光, 孙静惟. 全球新传播 [M]. 广州：南方日报出版社, 2002.

[8] 李希光. 妖魔化中国的背后 [M]. 北京：中国社会科学出版社, 1996.

[9] 李正国. 国家形象建构 [M]. 北京：中国传媒大学出版社, 2006.

[10] 李智. 文化外交：一种传播学的解读 [M]. 北京：北京大学出版社, 2005.

[11] 潘志高.《纽约时报》上的中国形象：政治、历史及文化成因 [M]. 开封：河南大学出版社, 2003.

[12] 钱其琛. 世界外交大辞典（下）[M]. 北京：世界知识出版社, 2005.

[13] [美] 乔舒亚·库珀·雷默. 中国形象：外国学者眼里的中国 [M]. 北京：社会科学文献出版社.

[14] 沈炼之. 法国通史简编 [M]. 北京：人民出版社, 1990.

[15] 王缉思主编. 文明与国际政治：中国学者评亨廷顿的文明冲突论 [M]. 上海：上海人民出版社, 1995.

[16] 王晓德. 美国文化与外交 [M]. 天津：天津教育出版社, 2008.

[17] 外文局对外传播研究中心. 向世界说明中国——赵启正演讲谈话录 [M]. 北京：新世界出版社, 2005.

[18] [美] 约瑟夫·奈. 软力量：世界政坛成功之道 [M]. 吴晓辉, 钱程, 译. 北京：东方出版社, 2005.

[19] [美] 约瑟夫·奈. 硬权力与软权力 [M]. 门洪华, 译. 北京：北京大学出版社, 2005.

[20] 中共中央宣传部. 习近平总书记系列重要讲话读本 [M]. 北京：学习出版社、人民出版社，2016.

[21] 中华人民共和国文化部对外文化联络局. 中国对外文化交流概览：1949-1991 [M]. 北京：光明日报出版社，1993.

[22] 中华人民共和国外交部，中共中央文献研究室. 周恩来外交文选 [M]. 北京：中央文献出版社，1990.

[23] 张巨岩. 权力的声音：美国的媒体和战争 [M]. 北京：生活·读书·新知三联书店，2004.

[24] 赵可金. 公共外交的理论与实践 [M]. 上海：上海辞书出版社，2007.

[25] 周宁. 天朝遥远：西方的中国形象研究 [M]. 北京：北京大学出版社，2006.

[26] 赵启正. 公共外交与跨文化交流 [M]. 北京：中国人民大学出版社，2011.

[27] 朱威烈. 国际文化战略研究 [M]. 上海：上海外语教育出版社，2002.

论文：

[1] 陈勇，张昆. 美国国家利益和意识形态主导下的"中国形象"塑造——探析《时代》周刊（1949~2008年）的中国报道 [J]. 当代亚太，2012（3）.

[2] 李开盛，戴长征. 孔子学院在美国的舆论环境评估 [J]. 世界经济与政治，2011（7）.

[3] 刘琛. 中外文化差异与误读 [J]. 对外传播，2010（8）.

[4] 栗尚正. 世纪文化难题与我们的文化使命 [J]. 中共桂林市委党校学报, 2003 (1).

[5] [美] 麦哲, 谭晓梅, 潘忠岐. 文化与国际关系：基本理论述评（上）[J]. 现代外国哲学社会科学文摘, 1997 (4).

[6] 杨涵. 《纽约时报》2014年涉疆报道研究 [J]. 今传媒, 2016 (2).

[7] 陈东晓. 中国的"主场外交"：机遇、挑战和任务 [J]. 国际问题研究, 2014 (5).

[8] 陈桂蓉. 传统危机意识的现代价值及其反思 [J]. 福建师范大学学报, 2007 (6).

[9] 蔡鹏鸿. APEC主场外交如何提升中国话语权与影响力 [J]. 国际关系研究, 2014 (5).

[10] 蔡鹏鸿. "主场外交"与中国的全球话语权 [J]. 人民论坛·学术前沿, 2014 (24).

[11] 陈拯. 国家治理、外交能力与中国主场外交的兴起 [J]. 世界经济与政治, 2021 (5).

[12] 何包钢. 跨国公司并购需要公共外交 [J]. 公共外交季刊, 2011 (6).

[13] 季萌. 韩国国家品牌委员会的启示 [J]. 对外传播, 2012 (11).

[14] 林波, 罗曙辉, 杜娟. 与时俱进：在华跨国公司的责任答卷 [J]. WTO经济导刊, 2011 (11).

[15] 李建华, 张永义. 价值观外交与国际伦理冲突 [J]. 河南

师范大学学报（哲社版），2009（3）.

[16] 凌胜利. 主场外交、战略能力与全球治理 [J]. 外交评论，2019（4）.

[17] 刘晓玲. 公共关系与公共外交 [J]. 国际公关，2008（6）.

[18] 李伟阳，肖红军. 企业社会责任概念探究 [J]. 经济管理，2008（9）.

[19] 李小月，王士君，浩飞龙，程利莎. "一带一路"沿线国家国际组织总部时空分布研究 [J]. 资源开发与市场，2019（12）.

[20] 李志永. 公共外交相关概念辨析 [J]. 外交评论，2009（2）.

[21] 李志永. 企业公共外交的价值、路径与限度——有关中国进一步和平发展的战略思考 [J]. 世界经济与政治，2012（12）.

[22] 入江昭. 文化与外交 [J]. 外交论坛，2000（4）.

[23] 沈孝泉. 中国与世界的一次握手——"99 巴黎·中国文化周"采访随笔 [J]. 瞭望，1999（38）.

[24] 吴红波，2015 年后的国际发展合作——联合国的视角 [J]. 国际展望，2013（3）.

[25] 王缉思. 中国的国际定位问题与"韬光养晦、有所作为"的战略思想 [J]. 国际问题研究，2011（2）.

[26] 王莉丽. "多元公共外交"理论框架的建构 [J]. 中国人民大学学报，2018（2）.

[27] 习主席战略思想是第三世界发展新政——联合国秘书长南南合作特使周一平访谈 [J]. 管理观察，2015（5）.

[28] 阎德学，华桂萍. 新时代中国外交理论的创新性发展 [J]. 国际问题研究, 2020 (2).

[29] 杨洁篪. 推动构建人类命运共同体 共同建设更加美好的世界 [J]. 求是, 2021 (1).

[30] 杨洁篪. 伟大的创新, 丰硕的成果——十年来我国外交工作的回顾与展望 [J]. 求是, 2012 (20).

[31] 杨文静. 重塑信息时代美国的软权力——《软权力：在世界政治中的成功之道》介评 [J]. 现代国际关系, 2004 (8).

[32] 杨悦. 新中国文化外交70年——传承与创新 [J]. 国际论坛, 2020 (1).

[33] 张丹萍，沙涛. 从G20杭州峰会外媒报道看主场外交优势 [J]. 公共外交季刊, 2017 (1).

[34] 中共中央党史和文献研究院. 科学回答人类前途命运的中国智慧中国方案 [J]. 求是, 2021 (1).

[35] 张贵洪. 中国、联合国合作与"一带一路"的多边推进 [J]. 复旦学报（社会科学版）, 2020 (5).

[36] 张贵洪，邱昌情. "一带一路"建设与南南合作创新 [J]. 复旦国际关系评论, 2015 (1).

[37] 郑海鸥. 让文明出游成为自觉 [N]. 人民日报, 2019-05-04 (5).

[38] 张骥，刘艳房. 论全球化时代国家形象战略与国家利益的实现 [J]. 国际观察, 2009 (1).

[39] 周琳. 新时代中国形象的塑造探析——以中国主场外交报

道为例［J］. 文化与传播，2020（2）.

［40］张颖. 办好主场外交尽显中国魅力［J］. 前线，2014（5）.

［41］周颖. 中海油并购案：一年后迟到的反思［J］. 成功营销，2006（8）.

报纸：

［1］国纪平. 世上本无"修昔底德陷阱"［N］. 人民日报，2019-06-18（1）.

［2］李枏. 莫让"冷战思维"影响中美关系［N］. 人民日报，2016-04-27（7）.

［3］江泽民. 共同构筑面向新世纪的中美关系［N］. 人民日报，2000-09-09（1）.

［4］江泽民. 全国对外宣传工作会议上的讲话［N］. 人民日报，1999-02-27（1）.

［5］王萌，李婕. 中国，世界发展的贡献者［N］. 人民日报（海外版），2018-01-06（2）.

［6］戴斌. 对不文明游客，"拉黑"是第一步［N］. 环球时报，2015-05-19（15）.

［7］戴维·蒙亚埃，斯佐·纳卡拉. 非中团结抗疫诠释命运共同体真谛［N］. 人民日报，2021-06-18（3）.

［8］国纪平. 深化国际经贸合作 实现共同繁荣进步——写在第四届中国国际进口博览会开幕之际［N］. 人民日报，2021-11-04（3）.

［9］桂田田. "主场外交"成中国重要发声平台，1年8场成绩

如何？[N]. 北京青年报，2015-03-28.

[10] 霍文奇. 北京论坛（2011）在京召开：在传统与现代的角力中寻求变革与转型[N]. 中国社会科学报，2011-11-08（1）.

[11] 刘俊. 傅莹方式：最好的传播者[N]. 国际先驱导报，2010-01-31.

[12] 刘结一. 一带一路唱响联合国舞台[N]. 人民日报，2016-12-08（3）.

[13] [法] 让·保罗·萨特. 我对新中国的观感[N]. 人民日报，1955-11-02（3）.

[14] 冉永平. 能源建设释放"中国动力"[N]. 人民日报，2019-09-22（5）.

[15] 任正非. 为祖国百年科技振兴而努力奋斗[N]. 科技日报，2016-08-02（1）.

[16] 宋佳烜. 英国创意产业产值突破千亿英镑[N]. 中国文化报，2018-12-17（4）.

[17] 施晓慧. 规模空前的交流（中华文化美国行）[N]. 人民日报，2000-09-19（6）.

[18] 王丹. 旅游文明的涵养需要长时间和多途径[N]. 光明日报，2015-12-18（2）.

[19] 王珂. 中国连续四年成为世界第一大出境旅游消费国[N]. 人民日报，2016-11-13（1）.

[20] 魏武. 别有鲜花满庭香——十六大以来我国对外宣传和对外文化交流工作综述[N]. 人民日报，2008-01-22（1）.

[21] 王新萍. 为和平而生, 为和平而存 [N]. 人民日报, 2016-10-05 (5).

[22] 王毅. 迈入新时代 展现新作为——外交部长王毅回顾 2017 年中国外交并展望明年工作 [N]. 人民日报, 2017-12-25 (3).

[23] 习近平. 建设社会主义文化强国 着力提高国家文化软实力 [N]. 人民日报, 2014-01-01 (1).

[24] 谢新水, 李有增. 深刻理解构建人类命运共同体思想的重要内涵 [N]. 光明日报, 2019-10-23 (6).

[25] 章念生, 杨讴. 中国特色大国外交成功实践——外交部长王毅谈二〇一三年中国外交 [N]. 人民日报, 2013-12-19 (3).

[26] 郑园园. 尊重文化多样性 [N]. 人民日报, 2005-10-23 (3).

[27] 张焱. 有中国传统文化元素的游戏该登场了 [N]. 光明日报, 2017-10-17 (2).

报告:

[1] 胡锦涛. 高举中国特色社会主义伟大旗帜, 为夺取全面建设小康社会新胜利而奋斗——在中国共产党第十七次全国代表大会上的报告 [R]. 北京: 人民出版社, 2007.

[2] 胡锦涛. 坚定不移沿着中国特色社会主义道路前进 为全面建成小康社会而奋斗——在中国共产党第十八次全国代表大会上的报告 [R]. 北京: 人民出版社, 2012.

[3] 习近平. 决胜全面建成小康社会 夺取新时代中国特色社会主义伟大胜利——在中国共产党第十九次全国代表大会上的报告

[R]. 北京：人民出版社，2017.

二、英文

专著：

[1] Arthur Hofman, International Communication and the New Diplomacy [M]. Bloomington: Indian University Press, 1968.

[2] Harold Nicolson. *The Evolution of Diplomatic Method* [M]. Leicester: University of Leicester, 1954, reprinted 1998.

[3] H. R. Bowen. *Social Responsibility of Businessman* [M]. New York: Harper, 1953.

[4] H. S. Hymer. *The Multinational Corporation: A Radical Approach* [M]. Cambridge: Cambridge University Press, 1979.

[5] Jarol Manheim, *Strategic Public Diplomacy and American Foreign Policy* [M]. Oxford: Oxford University Press, 1994.

[6] Keith Reinhard. American Business and Its Role in Public Diplomacy [M]. Nancy Snnow, Philip M. Taylor, eds., *Routledge Handbook of Public Diplomacy*. New York: Routledge, 2009.

[7] M. Stead Lenard and C. Smewing Public Diplomacy [M]. London: The Foreign Policy Centre, 2002 (7).

期刊：

[1] China's CNOOC gives up bid for Unocal because of 'unjustified' U. S. politics [J]. *Inside Energy*, Aug 8, 2005.

[2] E. M. Dodd. For Whom Are Corporate Managers Trustees [J].

Harvard Business Review, 1932, 45 (7).

[3] Enric Ordeix-Rigo and João Duarte, From Public Diplomacy to Corporate Diplomacy: Increasing Corporation's Legitimacy and Influence [J]. *American Behavioral Scientist*, 2009, 53 (4).

[4] Sam Rodgers and Sally Ethelston. Survey of Younger Arab Leaders in the United Emirates [J]. *Zogby International*, 2006 (9).